EXORTAÇÃO APOSTÓLICA
FAMILIARIS CONSORTIO
DE SUA SANTIDADE

JOÃO PAULO II

AO EPISCOPADO
AO CLERO E AOS FIÉIS
DE TODA A IGREJA CATÓLICA
SOBRE A FUNÇÃO
DA FAMÍLIA CRISTÃ
NO MUNDO DE HOJE

Paulinas

CB022686

© Amministrazione del Patrimonio della Santa Sede Apostolica
© Dicastero per la Comunicazione – Libreria Editrice Vaticana, 1981
Publicação autorizada por ©Conferência Nacional dos Bispos do Brasil

24ª edição – 2010
11ª reimpressão – 2024

Nenhuma parte desta obra poderá ser reproduzida ou transmitida por qualquer forma e/ou quaisquer meios (eletrônico ou mecânico, incluindo fotocópia e gravação) ou arquivada em qualquer sistema ou banco de dados sem permissão escrita da Editora. Direitos reservados.

Cadastre-se e receba nossas informações
paulinas.com.br
Telemarketing e SAC: 0800-7010081

Paulinas
Rua Dona Inácia Uchoa, 62
04110-020 – São Paulo – SP (Brasil)
📞 (11) 2125-3500
✉ editora@paulinas.com.br

© Pia Sociedade Filhas de São Paulo – São Paulo, 1981

INTRODUÇÃO

A Igreja a serviço da família

1. A família, nos tempos de hoje, tanto e talvez mais do que outras instituições, tem sido posta em questão pelas amplas, profundas e rápidas transformações da sociedade e da cultura. Muitas famílias vivem esta situação na fidelidade àqueles valores que constituem o fundamento do instituto familiar. Outras tornaram-se incertas e perdidas em relação a seus deveres, ou, ainda mais, duvidosas e quase esquecidas do significado último e da verdade da vida conjugal e familiar. Outras, por fim, estão impedidas, por diferentes situações de injustiça, de realizarem seus direitos fundamentais.

Consciente de que o matrimônio e a família constituem um dos valores mais preciosos da humanidade, a Igreja quer fazer chegar sua voz e oferecer sua ajuda aos que — conhecendo já o valor do matrimônio e da família — procuram vivê-lo fielmente; a quem, incerto e ansioso, anda à procura da verdade; e a quem está impedido de viver livremente o próprio projeto familiar. Sustentando os primeiros, iluminando os segundos e ajudando os outros, a Igreja oferece o seu serviço a cada homem interessado nos caminhos do matrimônio e da família. [1]

---

[1] Cf. Conc. Ecum. Vat. II, Const. pastoral sobre a Igreja no mundo contemporâneo *Gaudium et spes*, 52.

Dirige-se particularmente aos jovens, que estão para iniciar o seu caminho para o matrimônio e para a família, abrindo-lhes novos horizontes, ajudando-os a descobrir a beleza e a grandeza da vocação ao amor e ao serviço da vida.

O Sínodo de 1980 na continuidade dos Sínodos precedentes

2. Um sinal desse profundo interesse da Igreja pela família foi o último Sínodo dos Bispos, celebrado em Roma de 26 de setembro a 25 de outubro de 1980. Este foi uma continuação natural dos dois precedentes:[2] a família cristã, de fato, é a primeira comunidade chamada a anunciar o Evangelho à pessoa humana em crescimento e a levá-la, mediante a catequese e a educação progressiva, à plenitude da maturidade humana e cristã.

Mas não só. O recente Sínodo liga-se também idealmente, de alguma forma, aos anteriores sobre o Sacerdócio ministerial e sobre a justiça no mundo contemporâneo. Na verdade, enquanto comunidade educativa, a família deve ajudar o homem a discernir a própria vocação e a assumir o empenho necessário para que haja mais justiça, formando-o, desde o início, para relações interpessoais, inspiradas na justiça e no amor.

Os Padres Sinodais, como conclusão da última Assembléia, apresentaram-me um amplo elenco de propos-

---

[2] Cf. João Paulo II, Homilia para a abertura do VI Sínodo dos Bispos (26 de setembro de 1980), 2: *AAS* 72 (1980), 1008.

tas, que recolhem os frutos das reflexões desenvolvidas no curso de jornadas de intenso trabalho, e pediram-me com voto unânime que me tornasse intérprete diante da humanidade da viva solicitude da Igreja pela família e oferecesse orientações para um renovado empenho pastoral nesse setor fundamental da vida humana e eclesial.

Ao cumprir essa tarefa, com a presente Exortação, como desempenho especial do ministério apostólico que me foi confiado, desejo exprimir a minha gratidão a todos os participantes do Sínodo pelo contributo precioso de doutrina e de experiência, que puseram à minha disposição mediante as "Propositiones", cujo texto confio ao Conselho Pontifício para a Família, a fim de que aprofunde o estudo para valorizar cada aspecto das riquezas que contém.

O valor precioso do matrimônio e da família

3. A Igreja, iluminada pela fé, que lhe possibilita conhecer toda a verdade sobre o precioso valor do matrimônio e da família e sobre seu significado mais profundo, sente mais uma vez a urgência de anunciar o Evangelho, isto é, a "Boa Nova" a todos indistintamente, de modo especial aos que são chamados ao matrimônio ou para ele se preparam, a todos os esposos e pais do mundo.

Ela está profundamente convencida de que só com o acolhimento do Evangelho encontra realização plena toda a esperança que o homem depõe legitimamente no matrimônio e na família.

Sendo queridos por Deus com a própria criação,[3] o matrimônio e a família estão interiormente ordenados a complementarem-se em Cristo[4] e têm necessidade da sua graça para serem curados das feridas do pecado[5] e conduzidos ao seu "princípio",[6] isto é, ao pleno conhecimento e à realização do desígnio de Deus.

Num momento histórico em que a família é alvo de numerosas forças que a procuram destruir ou de qualquer modo deformar, a Igreja, consciente de que o bem da sociedade e de si mesma está profundamente ligado ao bem da família,[7] sente de modo mais vivo e veemente sua missão de proclamar a todos o desígnio de Deus sobre o matrimônio e a família, para lhes assegurar a plena vitalidade e promoção humana e cristã, contribuindo assim para a renovação da sociedade e do próprio Povo de Deus.

---

[3] Cf. Gn 1-2.

[4] Cf. Ef 5.

[5] Cf. Conc. Ecum. Vat. II, Const. pastoral sobre a Igreja no mundo contemporâneo *Gaudium et spes*, 47; João Paulo II, *Carta Appropinquat iam* (15 de agosto de 1980), 1: *AAS* 72 (1980), 791.

[6] Cf. Mt 19,4.

[7] Cf. Conc. Ecum. Vat. II, Const. pastoral sobre a Igreja no mundo contemporâneo *Gaudium et spes*, 47.

PRIMEIRA PARTE

LUZES E SOMBRAS DA FAMÍLIA DE HOJE

Necessidade de conhecer a situação

4. Uma vez que o desígnio de Deus sobre o matrimônio e sobre a família visa ao homem e à mulher no concreto da sua existência cotidiana, em determinadas situações sociais e culturais, a Igreja, para cumprir a sua missão, deve esforçar-se por conhecer as situações em que o matrimônio e a família se encontram hoje.[8]

Esse conhecimento é, portanto, uma exigência imprescindível para a obra de evangelização. É, na verdade, às famílias do nosso tempo que a Igreja deve levar o imutável e sempre novo Evangelho de Jesus Cristo, na forma em que as famílias se encontram envolvidas nas presentes condições do mundo, chamadas a acolher e a viver o projeto de Deus que lhes diz respeito. Não só, mas os pedidos e os apelos do Espírito ressoam também nos acontecimentos da história, e, portanto, a Igreja pode ser guiada para uma compreensão mais profunda do inexaurível mistério do matrimônio e da família a partir das

---

[8] Cf. João Paulo II, Discurso ao Conselho da Secretaria Geral do Sínodo dos Bispos (23 de fevereiro de 1980): *Insegnamenti di Giovanni Paolo II* (III, 1 (1980), 472-476.

situações, perguntas, ansiedades e esperanças dos jovens, dos esposos e dos pais de hoje.[9]

Deve-se acrescentar a isto mais uma reflexão ulterior de particular importância para o nosso tempo. Não raramente ao homem e à mulher de hoje, numa sincera e profunda busca de resposta aos graves e diários problemas de sua vida matrimonial e familiar, são oferecidas visões e propostas mesmo sedutoras, mas que comprometem de diferentes maneiras a verdade e a dignidade da pessoa humana. É uma oferta freqüentemente sustentada pela potente e capilar organização dos meios de comunicação social, que põem sutilmente em perigo a liberdade e a capacidade de julgar com objetividade.

Muitos, já conscientes desse perigo em que se encontra a pessoa humana, comprometem-se com a verdade. A Igreja, com seu discernimento evangélico, une-se a tais pessoas, oferecendo-lhes seu serviço em favor da verdade, da liberdade e da dignidade de cada homem e de cada mulher.

O discernimento evangélico

5.   O discernimento realizado pela Igreja propõe-se orientar para que salvaguarde e realize a inteira verdade e a plena dignidade do matrimônio e da família.

---

[9] Cf. Conc. Ecum. Vat. II, Const. pastoral sobre a Igreja no mundo contemporâneo *Gaudium et spes,* 4.

Este discernimento atinge-se pelo sentido da fé,[10] dom que o Espírito Santo concede a todos os fiéis, e é, portanto, obra de toda a Igreja,[11] segundo a diversidade dos vários dons e carismas que, ao mesmo tempo e segundo a responsabilidade própria de cada um, cooperam para uma mais profunda compreensão e atuação da Palavra de Deus. A Igreja, portanto, não realiza o discernimento evangélico próprio só por meio dos pastores, os quais ensinam em nome e com o poder de Cristo, mas também por meio dos leigos: Cristo "constituiu-os testemunhas, e concedeu-lhes o sentido da fé e o dom da palavra (cf. At 2,17-18; Ap 19,10) a fim de que a força do Evangelho resplandeça na vida cotidiana, familiar e social".[12] Os leigos, em razão da sua vocação particular, têm o dever específico de interpretar à luz de Cristo a história deste mundo, enquanto são chamados a iluminar e dirigir as realidades temporais segundo o desígnio de Deus Criador e Redentor.

O "sentido sobrenatural da fé"[13] não consiste, porém, somente ou necessariamente no consenso dos fiéis. A Igreja, seguindo a Cristo, procura a verdade, que nem sempre coincide com a opinião da maioria. Escuta a consciência e não o poder e nisto defende os pobres e desprezados. A Igreja pode apreciar também a investigação so-

---

[10] Cf. Conc. Ecum. Vat. II, Const. dogmática sobre a Igreja *Lumen gentium*, 12.

[11] Cf. 1Jo 2,20.

[12] Conc. Ecum. Vat. II, Const. dogmática sobre a Igreja *Lumen gentium*, 35.

[13] Cf. Conc. Ecum.Vat. II, Const. dogmática sobre a Igreja *Lumen gentium*, 12: Sagrada Congregação para a Doutrina da Fé, Declaração *Mysterium Ecclesiae*, 2: *AAS* 65 (1973), 398-400.

ciológica e estatística quando se revelar útil para a compreensão do contexto histórico no qual a ação pastoral deve desenrolar-se e para conhecer melhor a verdade; tal investigação, porém, não pode ser julgada por si só como expressão do sentido da fé.

Porque é dever do ministério apostólico assegurar a permanência da Igreja na verdade de Cristo e introduzi-la sempre mais profundamente, os Pastores devem promover o sentido da fé em todos os fiéis, avaliar e julgar com autoridade a genuinidade das suas expressões, educar os crentes para um discernimento evangélico sempre mais amadurecido. [14]

Para a elaboração de um autêntico discernimento evangélico nas várias situações e culturas em que o homem e a mulher vivem o seu matrimônio e a sua vida familiar, os esposos e os pais cristãos podem e devem oferecer seu próprio e insubstituível contributo. A esta tarefa habilita-os o carisma ou dom próprio, o dom do sacramento do matrimônio. [15]

A situação da família no mundo de hoje

6. A situação em que se encontra a família apresenta aspectos positivos e aspectos negativos: nos primeiros, sinal da salvação de Cristo operante no mundo; nos segundos, sinal da recusa que o homem faz ao amor de Deus.

---

[14] Cf. Conc. Ecum. Vat. II, Const. dogmática sobre a Igreja *Lumen gentium*, 12; Const. dogmática sobre a Revelação divina *Dei Verbum*, 10.

[15] Cf. João Paulo II, Homilia para a abertura do VI Sínodo dos Bispos (26 de setembro de 1980), 3: *AAS* 72 (1980), 1008.

Por um lado, existe realmente consciência mais viva da liberdade pessoal e maior atenção à qualidade das relações interpessoais no matrimônio, à promoção da dignidade da mulher, à procriação responsável, à educação dos filhos; há, além disso, a consciência da necessidade de que se desenvolvam relações entre as famílias por uma ajuda recíproca espiritual e material, a nova descoberta da missão eclesial da família e da sua responsabilidade na construção de uma sociedade mais justa. Por outro lado, contudo, não faltam sinais de degradação preocupante de alguns valores fundamentais: uma errada concepção teórica e prática da independência dos cônjuges entre si; as graves ambigüidades acerca da relação de autoridade entre pais e filhos; as dificuldades concretas, que a família muitas vezes experimenta na transmissão dos valores; o número crescente dos divórcios; a praga do aborto; o recurso cada vez mais freqüente à esterilização; a instauração de uma verdadeira e própria mentalidade contraceptiva.

Na raiz desses fenômenos negativos está muitas vezes uma corrupção da idéia e da experiência de liberdade concebida não como capacidade de realizar a verdade do projeto de Deus sobre o matrimônio e a família, mas como força autônoma de afirmação, não raramente contra os outros, para o próprio bem-estar egoístico.

Merece também a nossa atenção o fato de que, nos países do assim chamado Terceiro Mundo, faltem muitas vezes às famílias quer os meios fundamentais para a sobrevivência, como o alimento, o trabalho, a habitação, os medicamentos, quer as mais elementares liberdades. Nos países mais ricos, pelo contrário, o bem-estar excessivo e a mentalidade consumística, paradoxalmente unida a certa angústia e incerteza sobre o futuro, roubam aos esposos a generosidade e a coragem de suscitarem novas vidas humanas: assim a vida é muitas vezes entendida não como uma bênção, mas como um perigo de que é preciso defender-se.

A situação histórica em que vive a família apresenta-se, portanto, como um conjunto de luzes e sombras.

Isto revela que a história não é simplesmente um progresso necessário para o melhor, mas antes um acontecimento de liberdade, e ainda um combate entre liberdades que se opõem entre si; segundo a conhecida expressão de Santo Agostinho, um conflito entre dois amores: o amor de Deus impelido até ao desprezo de si, e o amor de si impelido até ao desprezo de Deus.[16]

Segue-se que só a educação para o amor, radicada na fé, pode levar a adquirir a capacidade de interpretar "os sinais dos tempos", que são a expressão histórica desse duplo amor.

O influxo da situação na consciência dos fiéis

7. Vivendo em tal mundo, sob pressões provindas sobretudo dos meios de comunicação social, nem sempre os fiéis souberam e sabem manter-se imunes diante do obscurecimento dos valores fundamentais e pôr-se como cons-

---

[16] Cf. S. Agostinho, *De Civitate Dei*, XIV, 28: *CSEL* 40, II, 58s.

ciência crítica desta cultura familiar e como sujeitos ativos da construção de um humanismo familiar autêntico.

Entre os sinais mais preocupantes deste fenômeno, os Padres Sinodais sublinharam, em particular, a difusão do divórcio e do recurso a uma nova união por parte dos mesmos fiéis; a aceitação do matrimônio meramente civil, em contradição com a vocação dos batizados "a casarem-se no Senhor"; a celebração do sacramento do matrimônio sem uma fé viva, mas por outros motivos; a recusa das normas morais que guiam e promovem o exercício humano e cristão da sexualidade no matrimônio.

A nossa época tem necessidade de sabedoria

8.   Põe-se assim a toda a Igreja o dever de uma reflexão e de um empenho bastante profundo, para que a nova cultura emergente seja intimamente evangelizada, sejam reconhecidos os verdadeiros valores, sejam defendidos os direitos do homem e da mulher e seja promovida a justiça também nas estruturas da sociedade. De tal modo o "novo humanismo" não afastará os homens da sua relação com Deus, mas os conduzirá para ele mais plenamente.

Na construção de tal humanismo, a ciência e as suas aplicações técnicas oferecem novas e imensas possibilidades. Todavia, a ciência, em conseqüência de posições políticas que decidem a direção de investigações e aplicações, é muitas vezes usada contra o seu significado originário, a promoção da pessoa humana.

Torna-se, portanto, necessário recuperar por parte de todos a consciência do primado dos valores morais, que são os valores da pessoa humana como tal. A nova compreensão do sentido último da vida e dos seus valores fundamentais é a grande tarefa que se impõe hoje para a renovação da sociedade. Só a consciência do primado destes valores consente um uso das imensas possibilidades colocadas nas mãos do homem pela ciência, que vise verdadeiramente à promoção da pessoa humana na sua verdade integral, na sua liberdade e dignidade. A ciência é chamada a juntar-se à sabedoria.

Podem aplicar-se aos problemas da família as palavras do Concílio Vaticano II: "Mais do que os séculos passados, o nosso tempo precisa de tal sabedoria, para que se humanizem as novas descobertas dos homens. Com efeito, o destino do mundo está ameaçado se não surgirem homens cheios de sabedoria".[17]

A educação da consciência moral, que torna o homem capaz de julgar e discernir os modos aptos para a sua realização segundo a verdade originária, torna-se assim uma exigência prioritária e irrenunciável.

É a aliança com a Sabedoria divina que deve ser mais profundamente reconstituída da cultura moderna. De tal Sabedoria cada homem foi feito participante pelo mesmo gesto criador de Deus. E é só na fidelidade a esta aliança que as famílias de hoje estarão em grau de influenciar positivamente na construção de um mundo mais justo e fraterno.

---

[17] Const. pastoral sobre a Igreja no mundo contemporâneo *Gaudium et spes*, 15.

Gradualidade e conversão

9. Todos devemos opor-nos com uma conversão da mente e do coração, seguindo a Cristo Crucificado, dizendo não ao próprio egoísmo, à injustiça causada pelo pecado — profundamente arraigado também nas estruturas do mundo de hoje — e que muitas vezes impede à família a plena realização de si mesma e dos seus direitos fundamentais. Uma semelhante conversão não poderá deixar de ter influência benéfica e renovadora mesmo sobre as estruturas da sociedade.

Pede-se uma conversão contínua, permanente, que, embora exigindo o afastamento interior de todo mal e a adesão ao bem na sua plenitude, realize-se concretamente em passos que conduzam sempre para além dela. Desenvolve-se assim um processo dinâmico, que avança gradualmente com a progressiva integração dos dons de Deus e das exigências do seu amor definitivo e absoluto em toda a vida pessoal e social do homem. É, por isso, necessário um caminho pedagógico de crescimento, a fim de que os fiéis, as famílias e os povos, antes, a própria civilização, daquilo que já receberam do Mistério de Cristo possam ser conduzidos pacientemente mais além, atingindo um conhecimento mais rico e uma integração mais plena deste mistério na sua vida.

"Inculturação"

10. É, de fato, conforme à tradição constante da Igreja recolher das culturas dos povos tudo aquilo que melhor

exprime as inexauríveis riquezas de Cristo.[18] Só com o concurso de todas as culturas, tais riquezas poderão manifestar-se sempre mais claramente e a Igreja poderá caminhar para um conhecimento cada dia mais completo e aprofundado da verdade, que já lhe foi inteiramente oferecida pelo seu Senhor.

Tendo firme o duplo princípio da compatibilidade das várias culturas a assumir com o Evangelho e da comunhão com a Igreja universal, deve-se prosseguir no estudo — particularmente por parte das Conferências episcopais e dos Dicastéricos competentes da Cúria Romana — e no empenho pastoral para que essa "inculturação" da fé cristã se realize sempre mais amplamente também no âmbito do matrimônio e da família.

É mediante a "inculturação" que se caminha para a reconstituição plena da aliança com a Sabedoria de Deus, que é o próprio Cristo. A Igreja inteira será enriquecida também por aquelas culturas que, embora carentes de tecnologia, são ricas em sabedoria humana e vivificadas por profundos valores morais.

Para que seja clara a meta deste caminho e, por conseguinte, para que seja indicado com segurança, o Sínodo, em primeiro lugar e em profundidade, considerou justamente o projeto originário de Deus acerca do matrimônio e da família: quis "retornar ao princípio" em obséquio ao ensinamento de Cristo.[19]

---

[18] Cf. Ef 3,8: Conc. Ecum. Vat. II, Const. pastoral sobre a Igreja no mundo contemporâneo *Gaudium et spes*, 44: Decr. sobre a atividade missionária da Igreja *Ad gentes*, 15 e 22.

[19] Cf. Mt 19,4ss.

SEGUNDA PARTE

O DESÍGNIO DE DEUS SOBRE O MATRIMÔNIO E A FAMÍLIA

O homem, imagem de Deus Amor

11.   Deus criou o homem à sua imagem e semelhança: [20] chamando-o à existência *por amor,* chamou-o ao mesmo tempo *ao amor.*

Deus é amor[21] e vive em si mesmo um mistério de comunhão pessoal de amor. Criando-a à sua imagem e conservando-a continuamente no ser, Deus inscreve na humanidade do homem e da mulher a vocação, e, assim, a capacidade e a responsabilidade do amor e da comunhão.[22] O amor é, portanto, a fundamental e originária vocação do ser humano.

Enquanto espírito encarnado, isto é, alma que se exprime no corpo informado por um espírito imortal, o homem é chamado ao amor nesta sua totalidade unificada. O amor abraça também o corpo humano e o corpo torna-se participante do amor espiritual.

---

[20] Cf. Gn 1,26s.

[21] 1Jo 4,8.

[22] Cf. Conc. Ecum. Vat. II, Const. pastoral sobre a Igreja no mundo contemporâneo *Gaudium et spes,* 12.

A Revelação cristã conhece dois modos específicos de realizar a vocação da pessoa humana na sua totalidade ao amor: o Matrimônio e a Virgindade. Tanto um como outro, na sua respectiva forma própria, são uma concretização da verdade mais profunda do homem, do seu "ser à imagem de Deus".

Por conseqüência, a sexualidade, mediante a qual o homem e a mulher se doam um ao outro com os atos próprios e exclusivos dos esposos, não é em absoluto algo puramente biológico, mas diz respeito ao núcleo íntimo da pessoa humana como tal. Esta realiza-se de maneira verdadeiramente humana somente se é parte integral do amor com o qual homem e mulher se empenham totalmente pelo outro até a morte. A doação física total seria falsa se não fosse sinal e fruto da doação pessoal total, na qual toda a pessoa, mesmo na sua dimensão temporal, está presente; se a pessoa se reservasse alguma coisa ou a possibilidade de decidir de modo diferente para o futuro, só por isso já não se doaria totalmente.

Esta totalidade, pedida pelo amor conjugal, corresponde também às exigências de uma fecundidade responsável, que, orientada como está para a geração de um ser humano, supera, por sua própria natureza, a ordem puramente biológica e abarca um conjunto de valores pessoais, para cujo crescimento harmonioso é necessário o estável e concorde contributo dos pais.

O "lugar" único, que torna possível essa doação segundo a sua verdade total, é o matrimônio, ou seja, o pacto de amor conjugal ou escolha consciente e livre, com o qual o homem e a mulher recebem a comunidade íntima de vida e de amor, querida pelo próprio Deus,[23] que só a esta luz manifesta o seu verdadeiro significado. A instituição matrimonial não é uma ingerência indevida da sociedade ou da autoridade, nem a imposição extrínseca de uma forma, mas uma exigência interior do pacto de amor conjugal que publicamente se afirma como único e exclusivo, para que seja vivida assim a plena fidelidade ao desígnio de Deus Criador. Longe de limitar a liberdade da pessoa, esta fidelidade põe-na em segurança quanto ao subjetivismo e relativismo, fá-la participante da Sabedoria criadora.

O matrimônio e a comunhão entre Deus e os homens

12.   A comunhão de amor entre Deus e os homens, conteúdo fundamental da Revelação e da experiência de fé de Israel, encontra uma significativa expressão na aliança nupcial, que se instaura entre o homem e a mulher.

É por isso que a palavra central da Revelação, "Deus ama o seu povo", é também pronunciada através das palavras vivas e concretas com que o homem e a mulher se declaram o seu amor conjugal. O seu vínculo de amor torna-se a imagem e o símbolo da Aliança que une Deus e o seu povo.[24] E o mesmo pecado, que pode ferir o pacto conjugal, torna-se imagem da infidelidade do povo para com o seu Deus: a idolatria é prostituição,[25] a infidelidade

---

[23] Ibid., 48.

[24] Cf. Os 2,21; Jr 3,6-13; Is 54.

[25] Cf. Ez 16,25.

é adultério, a desobediência à lei é abandono do amor nupcial para com o Senhor. Mas a infidelidade de Israel não destrói a fidelidade eterna do Senhor e, portanto, o amor sempre fiel de Deus põe-se como modelo das relações do amor fiel que deve existir entre os esposos.[26]

Jesus Cristo, esposo da Igreja, e o sacramento do matrimônio

13. A comunhão entre Deus e os homens encontra o seu definitivo cumprimento em Jesus Cristo, o Esposo que ama e se doa como Salvador da humanidade, unindo-a a si como seu corpo.

Ele revela a verdade originária do matrimônio, a verdade do "princípio"[27] e, libertando o homem da dureza do seu coração, torna-o capaz de a realizar inteiramente.

Esta revelação chega à sua definitiva plenitude no dom do amor que o Verbo de Deus faz à humanidade, assumindo a natureza humana, e no sacrifício que Jesus Cristo faz de si mesmo sobre a cruz pela sua Esposa, a Igreja. Neste sacrifício descobre-se inteiramente aquele desígnio que Deus imprimiu na humanidade do homem e da mulher, desde a sua criação:[28] o matrimônio dos batizados torna-se assim o símbolo real da nova e eterna Aliança, decretada no sangue de Cristo. O Espírito, que o

---

[26] Cf. Os 3.

[27] Cf. Gn 2,24; Mt 19,5.

[28] Cf. Ef 5,32s.

Senhor infunde, doa um coração novo e torna o homem e a mulher capazes de se amarem, como Cristo nos amou. O amor conjugal atinge aquela plenitude para a qual está interiormente ordenado: a caridade conjugal, que é o modo próprio e específico com que os esposos participam e são chamados a viver a mesma caridade de Cristo que se doa sobre a Cruz.

Numa página merecidamente famosa, Tertuliano exprimia bem a grandeza e a beleza dessa vida conjugal em Cristo: "Donde me será dado expor a felicidade do matrimônio unido pela Igreja, confirmado pela oblação eucarística, selado pela bênção, que os anjos anunciam e o Pai ratifica?... Que jugo aquele de dois fiéis numa única esperança, numa única observância, numa única servidão! São irmãos e servem conjuntamente sem divisão quanto ao espírito, quanto à carne. Mais, são verdadeiramente dois numa só carne e onde a carne é única, único é o espírito". [29]

Acolhendo e meditando fielmente a Palavra de Deus, a Igreja tem solenemente ensinado e ensina que o matrimônio dos batizados é um dos sete sacramentos da Nova Aliança. [30]

De fato, mediante o batismo, o homem e a mulher estão definitivamente inseridos na nova e eterna Aliança, na Aliança nupcial de Cristo com a Igreja. E é em razão dessa indestrutível inserção que a íntima comunidade de

---

[29] Tertuliano, *Ad uxorem,* II, VII, 6-8: CCL, I, 393.

[30] Cf. Conc. Ecum. Trident., Sessio XXIV, can. 1: I. D. Mansi, *Sacrorum Conciliorum Nova et Emplissima Collectio,* 33, 149s.

vida e de amor conjugal, fundada pelo Criador,[31] é elevada e assumida pela caridade nupcial de Cristo, sustentada e enriquecida pela sua força redentora.

Em virtude da sacramentalidade do seu matrimônio, os esposos estão vinculados um ao outro da maneira mais profundamente indissolúvel. A sua pertença recíproca é a representação real, mediante o sinal sacramental, da mesma relação de Cristo com a Igreja.

Os esposos são, portanto, para a Igreja o chamamento permanente daquilo que aconteceu sobre a Cruz; são um para o outro, e para os filhos, testemunhas da salvação da qual o sacramento os faz participar. Deste acontecimento de salvação, o matrimônio, como cada sacramento, é memorial, atualização e profecia: "Enquanto memorial, o sacramento dá-lhes a graça e o dever de recordar as grandes obras de Deus e de as testemunhar aos filhos; enquanto atualização, dá-lhes a graça e o dever de realizar no presente um para com o outro e para com os filhos, as exigências de um amor que perdoa e que redime; enquanto profecia, dá-lhes a graça e o dever de viver e de testemunhar a esperança do futuro encontro com Cristo".[32]

Como cada um dos sete sacramentos, também o matrimônio é um símbolo real do acontecimento da salvação, mas de modo próprio. "Os esposos participam nele enquanto esposos, a dois como casal, a tal ponto que o efeito

---

[31] Cf. Conc. Ecum. Vat. II, Const. pastoral sobre a Igreja no mundo contemporaneo *Gaudium et spes*, 48.

[32] João Paulo II, Discurso aos delegados do "Centre de Liaison des Equipes de Recherche" (3 de novembro de 1979), 3: *Insegnamenti di Giovanni Paolo II*, II, 2 (1979), 1032.

primeiro e imediato do matrimônio *(res et sacramentum)* não é a graça sacramental propriamente, mas o vínculo conjugal cristão, uma comunhão a dois tipicamente cristã porque representa o mistério da Encarnação de Cristo e o seu Mistério de Aliança. E o conteúdo da participação na vida de Cristo é também específico: o amor conjugal comporta uma totalidade na qual entram todos os componentes da pessoa — apelos do corpo e do instinto, força do sentimento e da afetividade, aspiração do espírito e da vontade; o amor conjugal dirige-se a uma unidade profundamente pessoal, aquela que, para além da união numa só carne, não conduz senão a um só coração e a uma só alma; ele exige a indissolubilidade e a fidelidade da doação recíproca definitiva e abre-se à fecundidade (cf. *Humanae vitae*, 9). Numa palavra, trata-se de características normais do amor conjugal natural, mas com um significado novo que não só as purifica e as consolida, mas eleva-as a ponto de as tornar a expressão dos valores propriamente cristãos."[33]

Os filhos, dom preciosíssimo do matrimônio

14.   Segundo o desígnio de Deus, o matrimônio é o fundamento da mais ampla comunidade da família, pois que o próprio matrimônio e o amor conjugal se ordenam à procriação e educação da prole, na qual encontram a sua coroação.[34]

---

[33] Ibid., 4; I. c., 1032.

[34] Cf. Conc. Ecum. Vat. II, Const. pastoral sobre a Igreja no mundo contemporâneo *Gaudium et spes*, 50.

Na sua realidade mais profunda, o amor é essencialmente dom e o amor conjugal, enquanto conduz os esposos ao "conhecimento" recíproco que os torna "uma só carne",[35] não se esgota no interior do próprio casal, já que os habilita para a máxima doação possível, pela qual se tornam cooperadores com Deus no dom da vida a uma nova pessoa humana. Deste modo os cônjuges, enquanto se doam entre si, doam para além de si mesmos a realidade do filho, reflexo vivo do seu amor, sinal permanente da unidade conjugal e síntese viva e indissociável do ser pai e mãe.

Tornando-se pais, os esposos recebem de Deus o dom de uma nova responsabilidade. O seu amor paternal é chamado a tornar-se para os filhos o sinal visível do próprio amor de Deus, "do qual deriva toda a paternidade no céu e na terra".[36]

Não devem todavia esquecer-se de que, mesmo quando a procriação não é possível, nem por isso a vida conjugal perde o seu valor. A esterilidade física, de fato, pode ser para os esposos ocasião de outros serviços importantes à vida da pessoa humana, por exemplo a adoção, as várias formas de obras educacionais, a ajuda a outras famílias, às crianças pobres ou deficientes.

A família, comunhão de pessoas

15.   No matrimônio e na família constitui-se um complexo de relações interpessoais — vida conjugal, paterni-

---

[35] Cf. Gn 2,24.

[36] Ef 3,15.

dade-maternidade, filiação, fraternidade — mediante as quais cada pessoa humana é introduzida na "família humana" e na "família de Deus", que é a Igreja.

O matrimônio e a família dos cristãos edificam a Igreja: na família, de fato, a pessoa humana não só é gerada e progressivamente introduzida, mediante a educação, na comunidade humana, mas, mediante a regeneração do batismo e a educação na fé, é introduzida também na família de Deus, que é a Igreja.

A família humana, desagregada pelo pecado, é reconstituída na sua unidade pela força redentora da morte e ressurreição de Cristo.[37] O matrimônio cristão, partícipe da eficácia salvífica desse acontecimento, constitui o lugar natural onde se cumpre a inserção da pessoa humana na grande família da Igreja.

O mandato de crescer e de multiplicar-se, dirigido desde o princípio ao homem e à mulher, atinge desta maneira a sua plena verdade e a sua integral realização.

A Igreja encontra assim na família, nascida do sacramento, o seu berço e o lugar onde pode atuar a própria inserção nas gerações humanas, e estas, reciprocamente, na Igreja.

Matrimônio e virgindade

16.   A virgindade e o celibato pelo Reino de Deus não só não contradizem a dignidade do matrimônio, mas a

---

[37] Cf. Conc. Ecum. Vat. II, Const. pastoral sobre a Igreja no mundo contemporâneo *Gaudium et spes*, 78.

pressupõem e confirmam. O matrimônio e a virgindade são os dois modos de exprimir e de viver o único Mistério da Aliança de Deus com o seu povo. Quando não se tem apreço pelo matrimônio, não há lugar para a virgindade consagrada; quando a sexualidade humana não é considerada um grande valor dado pelo Criador, perde significado a renúncia pelo Reino dos Céus.

De modo muito justo diz São João Crisóstomo: "Quem condena o matrimônio, priva a virgindade da sua glória; pelo contrário, quem o louva, torna a virgindade mais admirável e esplendente. O que parece um bem apenas quando comparado ao mal, não é pois um grande bem; mas o que é melhor do que aquilo que todos consideram bom é certamente um bem em grau superlativo".[38]

Na virgindade o homem está inclusive corporalmente em atitude de espera, pelas núpcias escatológicas de Cristo com a Igreja, dando-se integralmente à Igreja na esperança de que Cristo se lhe doe na plena verdade da vida eterna. A pessoa virgem antecipa assim na sua carne o mundo novo da ressurreição futura.[39]

Por força deste testemunho, a virgindade mantém viva na Igreja a consciência do mistério do matrimônio e defende-o de todo desvio e de todo empobrecimento.

Tornando livre de modo especial o coração humano,[40] "de forma a inebriá-lo muito mais de caridade para

---

[38] São João Crisóstomo, *Virginitas* X: PG 48, 540.

[39] Cf. Mt 22,30.

[40] Cf. 1Cor 7,32-35.

com Deus e para com todos os homens",[41] a virgindade testemunha que o Reino de Deus e a sua justiça são aquela pérola preciosa que é preferida a qualquer outro valor, mesmo que seja grande, e, mais ainda, é procurada como o único valor definitivo. É por isso que a Igreja, durante toda a sua história, defendeu sempre a superioridade desse carisma no confronto com o do matrimônio, em razão do laço singular que ele tem com o Reino de Deus.[42]

Embora tendo renunciado à fecundidade física, a pessoa virgem torna-se espiritualmente fecunda, pai e mãe de muitos, cooperando na realização da família segundo o desígnio de Deus.

Os esposos cristãos têm, portanto, o direito de esperar das pessoas virgens o bom exemplo e o testemunho da fidelidade à sua vocação até a morte.

Como para os esposos a fidelidade se torna às vezes difícil e exige sacrifício, mortificação e renúncia, também o mesmo pode acontecer às pessoas virgens. A fidelidade destas, mesmo na provação eventual, deve edificar a fidelidade daqueles.[43]

Estas reflexões sobre a virgindade podem iluminar e ajudar os que, por motivos independentes da sua vontade, não se puderam casar e depois aceitaram a sua situação em espírito de serviço.

---

[41] Conc. Ecum. Vat. II, Decr. sobre a renovação da vida religiosa *Perfectae caritatis*, 12.

[42] Cf. Pio XII, Carta enc. *Sacra virginitas,* II: *AAS* 46 (1954), 174ss.

[43] Cf. João Paulo II, Carta *Novo incipiente* (8 de abril do 1979), 9: *AAS* 71 (1979), 410s.

Terceira parte

OS DEVERES DA FAMÍLIA CRISTÃ

Família, torna-te aquilo que és!

17.   No plano de Deus Criador e Redentor, a família descobre não só a sua "identidade", o que "é", mas também a sua "missão", o que ela pode e deve "fazer". As tarefas, que a família é chamada por Deus a desenvolver na história, brotam do seu próprio ser e representam o seu desenvolvimento dinâmico e existencial. Cada família descobre e encontra em si mesma o apelo inextinguível, que ao mesmo tempo define a sua dignidade e a sua responsabilidade: "Família, torna-te aquilo que és!".

Voltar ao "princípio" do gesto criador de Deus é então uma necessidade para a família, se se quiser conhecer e realizar segundo a verdade interior não só do seu ser, mas também do seu agir histórico. E porque, segundo o plano de Deus, é constituída qual "íntima comunidade de vida e de amor",[44] a família tem a missão de se tornar cada vez mais aquilo que é, ou seja, comunidade de vida e de amor, numa busca que, como para cada realidade criada e redimida, encontrará a plenitude no Reino de Deus. E, numa perspectiva que atinge as próprias raízes

---

[44] Conc. Ecum. Vat. II, Const. pastoral sobre a Igreja no mundo contemporâneo *Gaudium et spes*, 48.

da realidade, deve-se dizer que a essência e os deveres da família são, em última análise, definidos pelo amor. Por isso, é-lhe confiada a *missão de guardar, revelar* e *comunicar o amor,* qual reflexo vivo e participação real do amor de Deus pela humanidade e do amor de Cristo pela Igreja, sua esposa.

Cada dever particular da família é a expressão e a atuação concreta de tal missão fundamental. É necessário, portanto, penetrar mais profundamente na riqueza singular da missão da família e sondar os seus conteúdos numerosos e unitários.

Em tal sentido, partindo do amor e em permanente referência a ele, o recente Sínodo pôs em evidência quatro deveres gerais da família:

1) a formação de uma comunidade de pessoas;

2) o serviço à vida;

3) a participação no desenvolvimento da sociedade;

4) a participação na vida e na missão da Igreja.

I — A FORMAÇÃO
DE UMA COMUNIDADE DE PESSOAS

O amor, princípio e força de comunhão

18.   A família, fundada e vivificada pelo amor, é uma comunidade de pessoas: dos esposos, homem e mulher, dos pais e dos filhos, dos parentes. A sua primeira tarefa é a de viver fielmente a realidade da comunhão num constante empenho por fazer crescer uma autêntica comunidade de pessoas.

O princípio interior, a força permanente e a meta última de tal dever é o amor: como, sem o amor, a família não é uma comunidade de pessoas, assim, *sem o amor, a família não pode viver, crescer* e *aperfeiçoar-se como comunidade de pessoas.* O que escrevi na Encíclica *Redemptor hominis* encontra, exatamente na família como tal, a sua aplicação originária e privilegiada: "O homem não pode viver sem amor. Ele permanece para si próprio um ser incompreensível e a sua vida é destituída de sentido, se não lhe for revelado o amor, se ele não se encontra com o amor, se não o experimenta e se não o torna algo próprio, se nele não participa vivamente".[45]

O amor entre o homem e a mulher no matrimônio e, de forma derivada e ampla, o amor entre os membros da mesma família — entre pai e filhos, entre irmãos e irmãs, entre parentes e familiares — é animado e impeli-

---

[45] N. 10: *AAS* 71 (1979), 274.

do por um dinamismo interior e incessante, que conduz a família a uma *comunhão* sempre mais profunda e intensa, fundamento e alma da *comunidade conjugal* e familiar.

A unidade indivisível da comunhão conjugal

19.   A primeira comunhão é a que se instaura e desenvolve entre os cônjuges: em virtude do pacto de amor conjugal, o homem e a mulher "já não são dois, mas uma só carne"[46] e são chamados a crescer continuamente nesta comunhão mediante a fidelidade cotidiana à promessa matrimonial do recíproco dom total.

Essa comunhão conjugal radica-se na complementaridade natural que existe entre o homem e a mulher e alimenta-se mediante a vontade pessoal dos esposos de condividir, num projeto de vida integral, o que têm e o que são: por isso, tal comunhão é fruto e sinal de uma exigência profundamente humana. Mas, em Cristo, Deus assume essa exigência humana, confirma-a, purifica-a e eleva-a, conduzindo-a à perfeição com o sacramento do matrimônio: o Espírito Santo infundido na celebração sacramental oferece aos esposos cristãos o dom de uma comunidade nova, de amor, que é a imagem viva e real daquela unidade singularíssima, que torna a Igreja o indivisível Corpo Místico do Senhor.

O dom do Espírito é um mandamento de vida para os esposos cristãos e, ao mesmo tempo, impulso estimu-

---

[46] Mt 19,6; cf. Gn 2,24.

lante a que progridam continuamente numa união cada vez mais rica a todos os níveis dos corpos, dos caracteres, dos corações, das inteligências e das vontades, das almas[47] — revelando deste modo à Igreja e ao mundo a nova comunhão de amor doada pela graça de Cristo.

A poligamia contradiz radicalmente tal comunhão. Nega, de fato, diretamente o plano de Deus como nos foi revelado nas origens, porque contrária à igual dignidade pessoal entre o homem e a mulher, que no matrimônio se doam com um amor total e por isso mesmo único e exclusivo. Como escreve o Concílio Vaticano II: "A unidade do matrimônio, confirmado pelo Senhor, manifesta-se também claramente na igual dignidade pessoal da mulher e do homem que se deve reconhecer no mútuo e pleno amor".[48]

Uma comunhão indissolúvel

20. A comunhão conjugal caracteriza-se não só pela unidade mas também pela sua indissolubilidade: "Esta união íntima, já que é dom recíproco de duas pessoas, exige, do mesmo modo o bem dos filhos, a inteira fidelidade dos cônjuges e a indissolubilidade da sua união".[49]

---

[47] Cf. João Paulo II, Discurso aos esposos (Kinshasa, 3 de maio de 1980), 4: *AAS* 72 (1980), 426s.

[48] Const. pastoral sobre a Igreja no mundo contemporâneo *Gaudium et spes*, 49; cf. João Paulo II, Discurso aos esposos (Kinshasa, 3 de maio de 1980): I. c.

[49] Conc. Ecum. Vat. II, Const. pastoral sobre a Igreja no mundo contemporâneo, *Gaudium et spes*, 48.

É dever fundamental da Igreja reafirmar vigorosamente — como fizeram os Padres do Sínodo — a doutrina da indissolubilidade do matrimônio: a todos os que, em nossos dias, consideram difícil ou mesmo impossível ligar-se a uma pessoa por toda a vida e aos que, subvertidos por uma cultura que rejeita a indissolubilidade matrimonial e que ridiculariza abertamente o empenho de fidelidade dos esposos, é necessário reafirmar o alegre anúncio da forma definitiva daquele amor conjugal, que tem em Jesus Cristo o fundamento e o vigor.[50]

Radicada na doação pessoal e total dos cônjuges e exigida pelo bem dos filhos, a indissolubilidade do matrimônio encontra a sua verdade última no desígnio que Deus manifestou na Revelação: Ele quer e concede a indissolubilidade matrimonial como fruto, sinal e exigência do amor absolutamente fiel que Deus Pai manifesta pelo homem e que Cristo vive para com a Igreja.

Cristo renova o desígnio primitivo que o Criador inscreveu no coração do homem e da mulher e, na celebração do sacramento do matrimônio, oferece um "coração novo": assim os cônjuges podem não só superar a "dureza do coração",[51] mas também e sobretudo compartilhar o amor pleno e definitivo de Cristo, nova e eterna Aliança feita carne. Assim como o Senhor Jesus é a "testemunha fiel",[52] e o "sim" das promessas de Deus[53] e,

---

[50] Cf. Ef 5,25.

[51] Cf. Mt 19,8.

[52] Ap 3,14.

[53] Cf. 2Cor 1,20.

portanto, a realização suprema da fidelidade incondicional com que Deus ama o seu povo, da mesma forma os cônjuges cristãos são chamados a uma participação real na indissolubilidade irrevogável, que liga Cristo à Igreja, sua esposa, por ele amada até o fim. [54]

O dom do sacramento é, ao mesmo tempo, vocação e dever dos esposos cristãos, para que permaneçam fiéis um ao outro para sempre, para além de todas as provas e dificuldades, em generosa obediência à santa vontade do Senhor: "O que Deus uniu, o homem não separe". [55]

Testemunhar o valor inestimável da indissolubilidade e da fidelidade matrimonial é uma das tarefas mais preciosas e mais urgentes dos casais cristãos do nosso tempo. Por isso, juntamente com todos os Irmãos que participaram no Sínodo dos Bispos, louvo e encorajo os numerosos casais que, embora encontrando não pequenas dificuldades, conservam e desenvolvem o dom da indissolubilidade: cumprem desta maneira, de modo humilde e corajoso, o dever que lhes foi confiado de ser no mundo um "sinal" — pequeno e precioso sinal, submetido também, às vezes, à tentação, mas sempre renovado — da fidelidade infatigável com que Deus e Jesus Cristo amam todos os homens e cada homem em particular. Mas é também imperioso reconhecer o valor do testemunho daqueles cônjuges que, embora tendo sido abandonados pelo consorte, com a força da fé e da esperança cristã, não contraíram uma nova união. Estes cônjuges dão também

[54] Cf. Jo 13,1.

[55] Mt 19,6.

um autêntico testemunho de fidelidade, de que o mundo de hoje tanto necessita. Por isso mesmo devem ser encorajados e ajudados pelos pastores e pelos fiéis da Igreja.

A comunhão mais ampla da família

21. A comunhão conjugal constitui o fundamento sobre o qual se continua a edificar a mais ampla comunhão da família: dos pais e dos filhos, dos irmãos e das irmãs entre si, dos parentes e de outros familiares.

Tal comunhão radica-se nos laços naturais da carne e do sangue, e desenvolve-se encontrando o seu aperfeiçoamento propriamente humano na instauração e maturação dos laços ainda mais profundos e ricos do espírito: o amor, que anima as relações interpessoais dos diversos membros da família, constitui a força interior que plasma e vivifica a comunhão e a comunidade familiar.

A família cristã é, portanto, chamada a fazer a experiência de uma comunhão nova e original, que confirma e aperfeiçoa a comunhão natural e humana. Na realidade, a graça de Jesus Cristo, "o Primogênito entre muitos irmãos",[56] é por sua natureza e dinamismo interior uma "graça de fraternidade" como a chama Santo Tomás de Aquino.[57] O Espírito Santo, que se infunde na celebração dos sacramentos, é a raiz viva e o alimento inexaurível da comunhão sobrenatural que estreita e vincula os

---

[56] Rm 8,29.

[57] Santo Tomás de Aquino, *Summa Theologiae*, II$^{\underline{a}}$-II$^{\underline{ae}}$, 14, 2, ad 4.

crentes com Cristo, na unidade da Igreja de Deus. Uma revelação e atuação específica da comunhão eclesial é constituída pela família cristã que também, por isso, se pode e deve chamar "Igreja doméstica".[58]

Todos os membros da família, cada um segundo o dom que lhe é peculiar, possuem a graça e a responsabilidade de construir, dia após dia, a comunhão de pessoas, fazendo da família uma "escola de humanismo mais completo e mais rico":[59] é o que vemos surgir com o cuidado e o amor para com os mais pequenos, os doentes e os anciãos; com o serviço recíproco de todos os dias; com a co-participação nos bens, nas alegrias e nos sofrimentos.

Um momento fundamental para construir uma comunhão semelhante é constituído pelo intercâmbio educativo entre pais e filhos,[60] no qual cada um deles dá e recebe. Mediante o amor, o respeito, a obediência aos pais, os filhos dão o seu contributo específico e insubstituível para a edificação de uma família autenticamente humana e cristã.[61] Isso ser-lhes-á facilitado se os pais exercerem a sua autoridade irrenunciável como um "ministério" verdadeiro e pessoal, ou seja, como um serviço ordenado ao bem humano e cristão dos filhos, ordenado particularmente a proporcionar-lhes uma liberdade verdadeira-

---

[58] Conc. Ecum. Vat. II, Const. dogmática sobre a Igreja *Lumen gentium*, 11; Decr. sobre o apostolado dos leigos *Apostolicam actuositatem,* 11.

[59] Conc. Ecum. Vat. II, Const. pastoral sobre a Igreja no mundo contemporâneo *Gaudium et spes*, 52.

[60] Cf. Ef 6,1-4; Cl 3,20s.

[61] Cf. Conc. Ecum. Vat. II, Const. pastoral sobre a Igreja no mundo contemporâneo *Gaudium et spes*, 48.

mente responsável; e se os pais mantiverem viva a consciência do "dom" que recebem continuamente dos filhos.

A comunhão familiar só pode ser conservada e aperfeiçoada com grande espírito de sacrifício. Exige, de fato, de todos e de cada um, pronta e generosa disponibilidade à compreensão, à tolerância, ao perdão, à reconciliação. Nenhuma família ignora como o egoísmo, o desacordo, as tensões, os conflitos agridem, de forma violenta e às vezes mortal, a comunhão: daqui as múltiplas e variadas formas de divisão da vida familiar. Mas, ao mesmo tempo, cada família é sempre chamada pelo Deus da paz a fazer a experiência alegre e renovada da "reconciliação", ou seja, da comunhão restabelecida, da unidade reencontrada. Em particular, a participação no sacramento da reconciliação e no banquete do único Corpo de Cristo oferece à família cristã a graça e a responsabilidade de superar todas as divisões e de caminhar para a plena verdade querida por Deus, respondendo assim ao vivíssimo desejo do Senhor: que "todos sejam um".[62]

Direitos e função da mulher

22. Enquanto é, e deve tornar-se comunhão e comunidade de pessoas, a família encontra no amor a fonte e o estímulo incessante para acolher, respeitar e promover cada um dos seus membros na altíssima dignidade de pessoas, isto é, de imagens vivas de Deus. Como justa-

---

[62] Jo 17,21.

mente afirmaram os Padres Sinodais, o critério moral da autenticidade das relações conjugais e familiares consiste na promoção da dignidade e vocação de cada uma das pessoas que encontram a sua plenitude mediante o dom sincero de si mesmas.[63]

Nesta perspectiva, o Sínodo quis dar atenção privilegiada à mulher, aos seus direitos e à função na família e na sociedade. Nesta mesma perspectiva, devem considerar-se também o homem como esposo e pai, a criança e os anciãos.

Convém ressaltar, antes de tudo, a igual dignidade e responsabilidade da mulher em relação ao homem: tal igualdade encontra uma forma singular de realização na doação recíproca de si ao outro e de ambos aos filhos, doação que é específica do matrimônio e da família. Tudo o que a razão intui e reconhece, vem revelado plenamente pela Palavra de Deus: a história da salvação é, de fato, um contínuo e claro testemunho da dignidade da mulher.

Ao criar o homem "varão e mulher",[64] Deus dá a dignidade pessoal de igual modo ao homem e à mulher, enriquecendo-os dos direitos inalienáveis e das responsabilidades que são próprias da pessoa humana. Deus manifesta ainda na forma mais elevada possível a dignidade da mulher, ao assumir ele mesmo a carne humana da Virgem Maria, que a Igreja honra como Mãe de Deus, chamando-a nova Eva e propondo-a como modelo da mu-

---

[63] Cf. Conc. Ecum. Vat. II, Const. pastoral sobre a Igreja no mundo contemporâneo *Gaudium et spes*, 24.

[64] Gn 1,27.

lher redimida. O delicado respeito de Jesus para com as mulheres a quem chamou para o seu seguimento e amizade, a aparição na manhã da Páscoa a uma mulher antes que aos discípulos, a missão confiada às mulheres de levar a Boa Nova da Ressurreição aos apóstolos, são todos sinais que confirmam a especial estima de Jesus para com a mulher. Dirá o Apóstolo Paulo: "Todos vós sois filhos de Deus, mediante a fé em Jesus Cristo... Não há judeu nem grego; não há servo nem livre; não há homem nem mulher, pois todos vós sois um só em Cristo Jesus".[65]

A mulher e a sociedade

23. Sem entrar agora a tratar em seus vários aspectos o amplo e complexo tema das relações mulher-sociedade, mas limitando essas considerações a alguns pontos essenciais, não se pode deixar de observar como, no campo mais especificamente familiar, uma ampla e difundida tradição social e cultural tenha pretendido confiar à mulher só a tarefa de esposa e mãe, sem a estender adequadamente às funções públicas, em geral reservadas ao homem.

Não há dúvida que a igual dignidade e responsabilidade do homem e da mulher justificam plenamente o acesso da mulher às tarefas públicas. Por outro lado, a verdadeira promoção da mulher exige também que seja claramente reconhecido o valor da sua função materna e familiar em confronto com todas as outras tarefas públicas e com to-

---

[65] Gl 3,26-28.

das as outras profissões. De resto, tais tarefas e profissões devem integrar-se entre si se se quer que a evolução social e cultural seja verdadeira e plenamente humana.

Será mais fácil conseguir isso se, como o desejou o Sínodo, uma renovada "teologia do trabalho" esclarecer e aprofundar o significado do trabalho na vida cristã e determinar o laço fundamental que existe entre o trabalho e a família, e, portanto, o significado original e insubstituível do trabalho da casa e da educação dos filhos.[66] Portanto, a Igreja pode e deve ajudar a sociedade atual pedindo insistentemente que seja reconhecido por todos e honrado no insubstituível valor o trabalho da mulher em casa. Isto é de importância particular na obra educativa: de fato, elimina-se a própria raiz da possível discriminação entre os diversos trabalhos e profissões, logo que se veja claramente como todos, em cada campo, se empenham com idêntico direito e com idêntica responsabilidade. Deste modo aparecerá mais esplendente a imagem de Deus no homem e na mulher.

Se há que reconhecer às mulheres, como aos homens, o direito de ascender às diversas tarefas públicas, a sociedade deve estruturar-se, contudo, de maneira tal que as esposas e as mães não *sejam de fato constrangidas* a trabalhar fora de casa e que a família possa dignamente viver e prosperar, mesmo quando elas se dedicam totalmente ao seu próprio lar.

Deve, além disso, superar-se a mentalidade segundo a qual a honra da mulher deriva mais do trabalho externo

---

[66] Cf. João Paulo II, Enc. *Laborem exercens*, 19: *AAS* 73 (1981), 625.

do que da atividade familiar. Mas isso exige que se estime e se ame verdadeiramente a mulher com todo o respeito pela sua dignidade pessoal, e que a sociedade crie e desenvolva as devidas condições para o trabalho doméstico.

A Igreja, com o devido respeito pela vocação diversa do homem e da mulher, deve promover, na medida do possível, também na sua vida, a igualdade deles quanto a direitos e dignidades, e isto para o bem de todos: da família, da Igreja e da sociedade.

É evidente, porém, que isso não significa para a mulher a renúncia à sua feminilidade nem a imitação do caráter masculino, mas a plenitude da verdadeira humanidade feminil, tal como se deve exprimir no seu agir, quer na família quer fora dela, sem contudo esquecer, neste campo, a variedade dos costumes e das culturas.

Ofensas à dignidade da mulher

24.   Infelizmente a mensagem cristã acerca da dignidade da mulher vem sendo impugnada por aquela persistente mentalidade que considera o ser humano não como pessoa, mas como coisa, como objeto de compra e venda, a serviço de um interesse egoísta e exclusivo do prazer — e a primeira vítima de tal mentalidade é a mulher.

Essa mentalidade produz frutos bastante amargos, como o desprezo do homem e da mulher, a escravidão, a opressão dos fracos, a pornografia, a prostituição — sobretudo quando é organizada — e todas aquelas várias discriminações que se encontram no âmbito da educação, da profissão, da retribuição do trabalho etc.

Além disso, ainda hoje, em grande parte da nossa sociedade, permanecem muitas formas de discriminação aviltante que ferem e ofendem gravemente algumas categorias particulares de mulheres, por exemplo, as esposas que não têm filhos, as viúvas, as separadas, as divorciadas, as mães-solteiras.

Estas e outras discriminações foram veementemente deploradas pelos Padres Sinodais. Solicito, pois, que se desenvolva uma ação pastoral específica mais vigorosa e incisiva, a fim de que sejam vencidas em definitivo, para se poder chegar à estima plena da imagem de Deus que resplandece em todos os seres humanos, sem nenhuma exclusão.

O homem, esposo e pai

25. É dentro da comunhão-comunidade conjugal e familiar que o homem é chamado a viver o seu dom e dever de esposo e pai.

Na esposa ele vê o cumprimento do desígnio de Deus: "Não é conveniente que o homem esteja só; vou dar-lhe um auxiliar semelhante a ele":[67] e faz sua a exclamação de Adão, o primeiro esposo: "Essa é, realmente, osso dos meus ossos e carne da minha carne".[68]

---

[67] Gn 2,18.

[68] Ibid., 2,23.

O amor conjugal autêntico supõe e exige que o homem tenha um profundo respeito pela igual dignidade da mulher: "Não és o senhor — escreve Santo Ambrósio — mas o marido; não te foi dada como escrava, mas como mulher... Retribui-lhe as atenções que ela tem para contigo e sê-lhe agradecido pelo seu amor".[69] Com a esposa o homem deve viver "uma forma muito especial de amizade pessoal".[70] O cristão é, além disso, chamado a desenvolver uma atitude de amor novo, manifestando para com a sua esposa a caridade delicada e forte que Cristo nutre pela Igreja.[71]

O amor à esposa tornada mãe e o amor aos filhos são para o homem o caminho natural para a compreensão e realização da paternidade. De modo especial onde as condições sociais e culturais levam facilmente o pai a um certo desinteresse em relação à família ou de qualquer forma a menor presença na obra educativa, é necessário ser solícito para que se recupere socialmente a convicção de que o lugar e a tarefa do pai na e pela família são de importância única e insubstituível.[72] Como a experiência ensina, a ausência do pai provoca desequilíbrios psicológicos e morais e dificuldades notáveis nas relações familiares. O mesmo acontece também, em circunstâncias opostas, pela presença opressiva do pai, especialmente onde ainda se verifica o fenômeno "machismo", ou seja, da

---

[69] Santo Ambrósio, *Exameron,* V. 7, 19: *CSEL* 32, I, 154.

[70] Paulo VI, Enc. *Humanae vitae*, 9: *AAS* 60 (1968), 486.

[71] Cf. Ef 5,25.

[72] Cf. João Paulo II, Homilia aos fiéis de Terni (19 de março de 1981), 3-5: *AAS* 73 (1981), 268-271.

superioridade abusiva das prerrogativas masculinas que humilham a mulher e inibem o desenvolvimento de relações familiares sadias.

Revelando e revivendo na terra a mesma paternidade de Deus,[73] o homem é chamado a garantir o desenvolvimento unitário de todos os membros da família. Cumprirá tal dever mediante uma generosa responsabilidade pela vida concebida sob o coração da mãe e por um empenho educativo mais solícito e partilhado com a esposa;[74] por um trabalho que nunca desagregue a família mas a promova na sua constituição e estabilidade; por um testemunho de vida cristã adulta, que introduza mais eficazmente os filhos na experiência viva de Cristo e da Igreja.

Os direitos da criança

26. Na família, comunidade de pessoas, deve-se reservar especialíssima atenção à criança, desenvolvendo uma estima profunda pela sua dignidade pessoal como também um grande respeito e generoso serviço pelos seus direitos. Isto vale para cada criança, mas adquire urgência especial quanto mais pequena e desprovida, doente, sofredora ou carente for a criança.

Solicitando e vivendo um cuidado terno e forte em relação a cada criança que vem a este mundo, a Igreja

---

[73] Ef 3,15.

[74] Cf. Conc. Ecum. Vat. II, Const. pastoral sobre a Igreja no mundo contemporâneo *Gaudium et spes*, 52.

cumpre uma missão fundamental: revelar e repetir na história o exemplo e o mandamento de Cristo, que quis pôr a criança em destaque no Reino de Deus: "Deixai vir a mim os pequeninos e não os impeçais pois deles é o reino de Deus".[75]

Repito novamente o que disse na Assembléia Geral das Nações Unidas, em 2 de outubro de 1979: "Desejo... expressar a felicidade que para cada um de nós constituem as crianças, primavera da vida, antecipação da história futura de cada pátria terrestre. Nenhum país do mundo, nenhum sistema político pode pensar no seu futuro senão mediante a imagem destas novas gerações que assumirão dos pais o múltiplo patrimônio dos valores, dos deveres e das aspirações da nação à qual pertencem, e o de toda a família humana. A solicitude pela criança ainda antes do nascimento, desde o primeiro momento da concepção e, depois, nos anos da infância e da adolescência, é a primária e fundamental prova da relação do homem com o homem. E, portanto, que mais se poderá desejar a cada nação e a toda a humanidade, a todas as crianças do mundo, senão aquele futuro melhor no qual o respeito dos direitos do homem se torne plena realidade ao aproximar-se o ano dois mil?"[76]

O acolhimento, o amor, a estima, o serviço multíplice e unitário — material, afetivo, educativo, espiritual — a cada criança que vem a este mundo deverão constituir

---

[75] Lc 18,16; cf. Mt 19,14: Mc 10,14.

[76] João Paulo II, Discurso à Assembléia Geral das Nações Unidas (2 de outubro de 1979), 21: *AAS* 71 (1979), 1159.

sempre uma nota distintiva irrenunciável dos cristãos, em particular das famílias cristãs. Deste modo, as crianças, ao poderem crescer "em sabedoria, idade e graça diante de Deus e dos homens",[77] darão o seu precioso contributo à edificação da comunidade familiar e à santificação dos pais.[78]

Os anciãos na família

27. Há culturas que manifestam uma veneração singular e um grande amor pelo ancião: longe de ser excluído da família ou de ser suportado como um peso inútil, o ancião continua inserido na vida familiar, tomando nela parte ativa e responsável — embora devendo respeitar a autonomia da nova família — e sobretudo desenvolvendo a missão preciosa de testemunha do passado e de inspirador de sabedoria para os jovens e para o futuro.

Outras culturas, pelo contrário, especialmente depois de um desenvolvimento industrial e urbanístico desordenado, forçaram e continuam a forçar os anciãos a situações inaceitáveis de marginalização que são fontes de atrozes sofrimentos para eles mesmos e de empobrecimento espiritual para muitas famílias.

É necessário que a ação pastoral da Igreja estimule todos a descobrir e a valorizar as tarefas dos anciãos na

---

[77] Lc 2,52.

[78] Cf. Conc. Ecum. Vat. II, Const. pastoral sobre a Igreja no mundo contemporâneo *Gaudium et spes*, 48.

comunidade civil e eclesial, e, em particular, na família. Na realidade, "a vida dos anciãos ajuda-nos a esclarecer a escala dos valores humanos; mostra a continuidade das gerações e demonstra maravilhosamente a interdependência do povo de Deus. Os anciãos têm além disso o carisma de encher os espaços vazios entre gerações, antes que se sublevem. Quantas crianças têm encontrado compreensão e amor nos olhos, nas palavras e nos carinhos dos anciãos! E quantas pessoas de idade têm subscrito com gosto as inspiradas palavras bíblicas que a "coroa dos anciãos são os filhos dos filhos" (Pr 17,6).[79]

---

[79] João Paulo II, Discurso aos participantes no "International Forum on Active Aging" (5 de setembro de 1980), 5: *Insegnamenti di Giovanni Paolo II*, III, 2 (1980), 539.

II — O SERVIÇO À VIDA

1) *A transmissão da vida*

Cooperadores do amor de Deus Criador

28.   Com a criação do homem e da mulher à sua imagem e semelhança, Deus coroa e leva à perfeição a obra das suas mãos: Ele chama-os a uma participação especial do seu amor e do seu poder de Criador e Pai, mediante uma cooperação livre e responsável deles na transmissão do dom da vida humana: "Deus abençoou-os e disse-lhes: 'crescei e multiplicai-vos, enchei e dominai a terra'". [80]

Assim a tarefa fundamental da família é o serviço à vida. É realizar, através da história, a bênção originária do Criador, transmitindo a imagem divina pela geração do homem ao homem. [81]

A fecundidade é o fruto e o sinal do amor conjugal, o testemunho vivo da plena doação recíproca dos esposos: "O autêntico culto do amor conjugal e toda a vida familiar que dele nasce, sem pôr de lado os outros fins do matrimônio, tendem a que os esposos, com fortaleza de ânimo, estejam dispostos a colaborar com o amor do Criador e Salvador, que por meio deles aumenta cada dia mais e enriquece a família". [82]

---

[80] Gn 1,28.

[81] Cf. Ibid., 5,1-3.

[82] Conc. Ecum. Vat. II, Const. pastoral sobre a Igreja no mundo contemporâneo *Gaudium et spes*, 59.

A fecundidade do amor conjugal não se restringe somente à procriação dos filhos, mesmo que entendida na dimensão especificamente humana: alarga-se e enriquece-se com todos aqueles frutos da vida moral, espiritual e sobrenatural que o pai e a mãe são chamados a doar aos filhos e, através dos filhos, à Igreja e ao mundo.

A doutrina e a norma
sempre antigas e sempre novas da Igreja

29. Exatamente porque o amor dos cônjuges é uma participação singular no mistério da vida e no amor do próprio Deus, a Igreja tem consciência de ter recebido a missão especial de guardar e de proteger a altíssima dignidade do matrimônio e a gravíssima responsabilidade da transmissão da vida humana.

Desta maneira, na continuidade com a tradição viva da comunidade eclesial através da história, o Concílio Vaticano II e o magistério do meu Predecessor Paulo VI, expresso sobretudo na encíclica *Humanae vitae,* transmitiram aos nossos tempos um anúncio verdadeiramente profético que reafirma e repõe, com clareza, a doutrina e a norma sempre antigas e sempre novas da Igreja sobre o matrimônio e sobre a transmissão da vida humana.

Por isso, os Padres Sinodais declaram textualmente na última Assembléia: "Este Sacro Sínodo, reunido em união de fé com o Sucessor de Pedro, sustenta firmemente o que foi proposto pelo Concílio Vaticano II, *Gaudium et spes,* 50 e, depois, pela encíclica *Humanae vitae,* e em particular que o amor conjugal deve ser plenamente humano, exclusivo e aberto à nova vida *(Humanae vitae,* 11 e cf. 9, 12)".[83]

A Igreja está do lado da vida

30. A doutrina da Igreja coloca-se hoje numa situação social e cultural que a torna mais difícil de ser compreendida e ao mesmo tempo mais urgente e insubstituível para promover o verdadeiro bem do homem e da mulher.

De fato, o progresso científico-técnico, que o homem contemporâneo amplia continuamente no domínio sobre a natureza, não só desenvolve a esperança de criar uma humanidade nova e melhor, mas gera também angústia sempre mais profunda sobre o futuro. Alguns perguntam-se se viver é bom ou se não teria sido melhor nem sequer ter nascido. Duvidam, portanto, da liceidade de chamar outros à vida, que talvez amaldiçoarão a sua existência num mundo cruel, cujos terrores nem sequer são previsíveis. Outros pensam que são os únicos destinatários das vantagens da técnica e excluem os demais, impondo-lhes meios contraceptivos ou técnicos ainda piores. Outros ainda, manietados como estão pela mentalidade consumística e com a única preocupação de um au-

---

[83] *Propositio* 22; a conclusão do n. 11 da Enc. *Humanae vitae* afirma: "Chamando os homens à observância das normas da lei natural interpretada por sua constante doutrina, a Igreja ensina que todo ato matrimonial deve permanecer aberto à transmissão da vida" (*ut quilibet matrimonii usus ad vitam humanam procreandam per se destinatus permaneat*). *AAS* 60 (1968), 488.

mento contínuo dos bens materiais, acabam por não chegar a compreender e, portanto, por rejeitar a riqueza espiritual de uma nova vida humana. A razão última destas mentalidades é a ausência de Deus do coração dos homens, cujo amor só por si é mais forte do que todos os possíveis medos do mundo e tem o poder de os vencer.

Nasceu assim uma mentalidade contra a vida *(antilife mentality)*, como emerge de muitas questões atuais: pense-se, por exemplo, num certo pânico derivado dos estudos dos ecólogos e dos futurólogos sobre a demografia, que exageram, às vezes, o perigo do incremento demográfico para a qualidade da vida.

Mas a Igreja crê firmemente que a vida humana, mesmo se fraca e sofrida, é sempre um esplêndido dom da bondade de Deus. Contra o pessimismo e o egoísmo que obscurecem o mundo, a Igreja está do lado da vida: e em cada vida humana sabe descobrir o esplendor daquele "Sim", daquele "Amém" que é o próprio Cristo.[84] Ao "não" que invade e aflige o mundo, contrapõe este "Sim" vivente, defendendo deste modo o homem e o mundo dos que atacam e destroem a vida.

A Igreja é chamada a manifestar novamente a todos, com uma firme e mais clara convicção, a vontade de promover, com todos os meios, e de defender contra todas as insídias a vida humana, em qualquer condição e estado de desenvolvimento em que se encontre.

Por tudo isso, a Igreja condena como ofensa grave à dignidade humana e à justiça todas aquelas atividades dos

---

[84] Cf. 2Cor 1,19: Ap 3,14.

governos ou de outras autoridades públicas que tentam limitar por qualquer modo a liberdade dos cônjuges na decisão sobre os filhos. Conseqüentemente, qualquer violência exercida por tais autoridades em favor da contracepção e até da esterilização e do aborto procurado, é absolutamente para se condenar e rejeitar com firmeza. Do mesmo modo é de reprovar como gravemente injusto o fato de, nas relações internacionais, a ajuda econômica concedida para a promoção dos povos ser condicionada a programas de contracepção, esterilização e aborto procurado. [85]

**Para que o plano divino
se realize sempre mais plenamente**

31.   A Igreja está sem dúvida consciente dos múltiplos e complexos problemas que hoje em muitos países envolvem os cônjuges no seu dever de transmitir responsavelmente a vida. Reconhece também o grave problema do aumento demográfico, como se apresenta nas diversas partes do mundo, e as relativas implicações morais.

A Igreja considera, todavia, que uma reflexão aprofundada de todos os aspectos de tais problemas ofereça uma nova e mais forte confirmação da importância da doutrina autêntica sobre a regulação da natalidade, reproposta no Concílio Vaticano II a na encíclica *Humanae vitae.*

Por isso, juntamente com os Padres Sinodais, sinto o dever de dirigir um urgente convite aos teólogos a fim

---

[85] Cf. Mensagem do VI Sínodo dos Bispos às Famílias cristãs no mundo contemporâneo, 5: 24 de outubro de 1980.

de que, unindo as suas forças para colaborar com o Magistério hierárquico, se empenhem em iluminar cada vez melhor os fundamentos bíblicos, as motivações éticas e as razões personalísticas desta doutrina. Será assim possível, no contexto de uma exposição orgânica, tornar a doutrina da Igreja sobre este tema fundamental verdadeiramente acessível a todos os homens de boa vontade, favorecendo uma compreensão cada dia mais luminosa e profunda: desta forma o plano divino poderá ser sempre mais plenamente cumprido para a salvação do homem e para a glória do Criador.

A tal respeito, o empenho concorde dos teólogos, inspirado pela convicta adesão ao Magistério, que é o único guia autêntico do Povo de Deus, apresenta particular urgência mesmo em razão da visão do homem que a Igreja propõe: dúvidas ou erros no campo matrimonial ou familiar implicam um grave obscurecer-se da verdade integral sobre o homem numa situação cultural já tão freqüentemente confusa e contraditória. O contributo de iluminação e de investigação, que os teólogos são chamados a oferecer no cumprimento da sua missão específica, tem um valor incomparável e representa um serviço singular, altamente meritório, à família e à humanidade.

Na visão integral do homem e da sua vocação

32.   No contexto de uma cultura que deforma gravemente ou chega até a perder o verdadeiro significado da sexualidade humana, porque a desenraíza da sua referên-

cia essencial à pessoa, a Igreja sente como mais urgente e insubstituível sua missão de apresentar a sexualidade como valor e tarefa de toda a pessoa criada, homem e mulher, à imagem de Deus.

Nesta perspectiva, o Concílio Vaticano II afirmou claramente que "quando se trata de conciliar o amor conjugal com a transmissão responsável da vida, a moralidade do comportamento não depende apenas da sinceridade da intenção e da apreciação dos motivos; deve também determinar-se por *critérios objetivos, tomados da natureza da pessoa e dos seus atos;* critérios que respeitam, em contexto de autêntico amor, o sentido da mútua doação e da procriação humana. Tudo isso só é possível se se cultivar sinceramente a virtude da castidade conjugal". [86]

É exatamente partindo da "visão integral do homem e da sua vocação, não só natural e terrena, mas também sobrenatural e eterna",[87] que Paulo VI afirmou que a doutrina da Igreja "se funda na conexão inseparável, que Deus quis e que o homem não pode quebrar por sua iniciativa, entre os dois significados do ato conjugal: o significado unitivo e o significado procriativo":[88] E conclui reafirmando que é de excluir, como intrinsecamente desonesta, "toda ação que, ou em previsão do ato conjugal, ou na sua realização, ou no desenvolvimento das suas conseqüências naturais, se proponha, como fim ou como meio, tornar a procriação impossível". [89]

---

[86] Const. pastoral sobre a Igreja no mundo contemporâneo *Gaudium et spes*, 51.

[87] Enc. *Humanae vitae*, 7: *AAS* 60 (1968), 485.

[88] Ibid., 12: l. c., 488s.

[89] Ibid., 14: l. c., 490.

Quando os cônjuges, mediante o recurso à contracepção, separam estes dois significados que Deus Criador inscreveu no ser do homem e da mulher e no dinamismo da sua comunhão sexual, comportam-se como "árbitros" do plano divino e "manipulam" e aviltam a sexualidade humana, e com ela a própria pessoa e a do cônjuge, alterando desse modo o valor da doação "total". Assim, à linguagem nativa que exprime a recíproca doação total dos cônjuges, a contracepção impõe uma linguagem objetivamente contraditória, a do não doar-se ao outro: deriva daqui, não somente a recusa positiva de abertura à vida, mas também uma falsificação da verdade interior do amor conjugal, chamado a doar-se na totalidade pessoal.

Quando, pelo contrário, os cônjuges, mediante o recurso a períodos de infecundidade, respeitam a conexão indivisível dos significados unitivo e procriativo da sexualidade humana, comportam-se como "ministros" do plano de Deus e "usufruem" da sexualidade segundo o dinamismo originário da doação "total", sem manipulações e alternações.[90]

À luz da própria experiência de tantos casais e dos dados das diversas ciências humanas, a reflexão teológica pode receber e é chamada a aprofundar *a diferença antropológica e ao mesmo tempo moral,* que existe entre a contracepção e o recurso aos ritmos temporais: trata-se de uma diferença bastante mais vasta e profunda de quanto habitualmente se possa pensar e que, em última análise, envolve duas concepções da pessoa e da sexualidade hu-

---

[90] Ibid., 13: l. c., 489.

mana irredutíveis entre si. A escolha dos ritmos naturais, de fato, comporta a aceitação do ritmo biológico da mulher, e com isso também a aceitação do diálogo, do respeito recíproco, da responsabilidade comum, do domínio de si. Acolher, depois, o tempo e o diálogo significa reconhecer o caráter conjuntamente espiritual e corpóreo da comunhão conjugal, como também viver o amor pessoal na sua exigência de fidelidade. Neste contexto, o casal faz a experiência da comunhão conjugal enriquecida daqueles valores de ternura e afetividade, que constituem o segredo profundo da sexualidade humana, mesmo na sua dimensão física. Desta maneira a sexualidade é respeitada e promovida na sua dimensão verdadeira e plenamente humana, não sendo nunca "usada" como um "objeto" que, dissolvendo a unidade pessoal da alma e do corpo, fere a própria criação de Deus na relação mais íntima entre a natureza e a pessoa.

A Igreja, Mestra e Mãe
para os cônjuges em dificuldades

33.   Também no campo da moral conjugal a Igreja é e age como Mestra e Mãe.

Como Mestra, ela não se cansa de proclamar a norma moral que deve guiar a transmissão responsável da vida. De tal norma a Igreja não é, certamente, nem a autora nem o juiz. Em obediência à verdade que é Cristo, cuja imagem se reflete na natureza e na dignidade da pessoa humana, a Igreja interpreta a norma moral e propõe-na a todos os homens de boa vontade, sem esconder as suas exigências de radicalidade e de perfeição.

Como Mãe, a Igreja está próxima dos muitos casais que se encontram em dificuldade sobre este importante ponto da vida moral: conhece bem a sua situação, freqüentemente muito árdua e, às vezes, verdadeiramente atormentada por dificuldades de toda espécie, não só individuais, mas também sociais; sabe que muitos cônjuges encontraram dificuldades não só para a realização concreta mas também para a própria compreensão dos valores ínsitos na norma moral.

Mas é a mesma e única Igreja a ser ao mesmo tempo Mestra e Mãe. Por isso a Igreja nunca se cansa de convidar e de encorajar para que as eventuais dificuldades conjugais sejam resolvidas sem nunca falsificar e comprometer a verdade: ela está de fato convencida de que não pode existir verdadeira contradição entre a lei divina de transmitir a vida e a de favorecer o autêntico amor conjugal.[91] Por isso, a pedagogia concreta da Igreja deve estar sempre ligada e nunca separada da sua doutrina. Repito, portanto, com a mesmíssima persuasão do meu Predecessor: "Não diminuir em nada a doutrina salutar de Cristo é eminente forma de caridade para com as almas".[92]

Por outro lado, a autêntica pedagogia eclesial revela o seu realismo e a sua sabedoria só desenvolvendo um empenho tenaz e corajoso no criar e sustentar todas aque-

---

[91] Cf. Conc. Ecum. Vat. II, Const. sobre a Igreja no mundo contemporâneo *Gaudium et spes*, 51.

[92] Enc. *Humanae vitae*, 29: *AAS* 60 (1968), 501.

las condições humanas — psicológicas, morais e espirituais — que são indispensáveis para compreender e viver o valor e a norma moral.

Não há dúvida de que entre essas condições devem elencar-se a constância e a paciência, a humildade e a fortaleza de espírito, a filial confiança em Deus e na sua graça, o recurso freqüente à oração e aos sacramentos da Eucaristia e da reconciliação.[93] Assim fortalecidos, os cônjuges cristãos poderão manter viva a consciência do influxo singular que a graça do sacramento do matrimônio exerce sobre todas as realidades da vida conjugal, e, portanto, também sobre a sua sexualidade: o dom do Espírito, acolhido e correspondido pelos cônjuges, ajuda-os a viver a sexualidade humana segundo o plano de Deus e como sinal do amor unitivo e fecundo de Cristo pela Igreja.

Mas, entre as condições necessárias, entra também o conhecimento da corporeidade e dos ritmos de fertilidade. Em tal sentido, é preciso fazer tudo para que um igual conhecimento se torne acessível a todos os cônjuges, e, antes ainda às jovens, mediante uma informação e educação clara, oportuna e séria, feita por casais, médicos e peritos. O conhecimento deve conduzir à educação para o autocontrole: daqui a absoluta necessidade da virtude da castidade e da permanente educação para ela. Segundo a visão cristã, a castidade não significa de modo nenhum nem a recusa nem a falta de estima pela sexualidade humana: ela significa, antes, a energia espiritual que se propõe defender o amor dos perigos do egoísmo e da agressividade e orientá-lo para a sua plena realização.

---

[93] Cf. Ibid., 25: l. c., 498s.

Paulo VI, com profundo intuito de sabedoria e de amor, não fez outra coisa senão dar voz à experiência de tantos casais quando na sua encíclica escreveu: "O domínio do instinto, mediante a razão e a vontade livre, impõe, sem dúvida, uma acese para que as manifestações afetivas da vida conjugal sejam segundo a reta ordem e particularmente para a observância da continência periódica. Mas esta disciplina própria da pureza dos esposos, muito longe de prejudicar o amor conjugal, confere-lhe, pelo contrário, mais alto valor humano. Isto exige um esforço contínuo, mas, graças ao seu benéfico influxo, os cônjuges desenvolvem integralmente a sua personalidade, enriquecendo-se de valores espirituais: aquela traz à vida familiar frutos de serenidade e de paz e facilita a solução de outros problemas; favorece a atenção para com o consorte, ajuda os esposos a superar o egoísmo, inimigo do amor, e aprofunda o sentido da responsabilidade deles no cumprimento dos seus deveres. Os pais adquirem, então, a capacidade de uma influência mais profunda e eficaz na educação dos filhos".[94]

O itinerário moral dos esposos

34.   É sempre muito importante possuir uma reta concepção da ordem moral, dos seus valores e das suas normas: a importância aumenta quando se tornam mais numerosas e graves as dificuldades para as respeitar.

---

[94] Ibid., 21: I. c., 496.

Exatamente porque revela e propõe o desígnio de Deus Criador, a ordem moral não pode ser algo de mortificante para o homem e de impessoal; pelo contrário, respondendo às exigências mais profundas do homem criado por Deus, põe-se a serviço da sua plena humanidade, com o amor delicado e vinculante com o qual Deus mesmo inspira, sustenta e guia cada criatura para a felicidade.

Mas o homem, chamado a viver responsavelmente o plano sapiente e amoroso de Deus, é um ser histórico, que se constrói, dia a dia, com numerosas decisões livres: por isso, ele conhece, ama e cumpre o bem moral segundo etapas de crescimento.

Também os cônjuges, no âmbito da vida moral, são chamados a um contínuo caminhar, sustentados pelo desejo sincero e operante de conhecer sempre melhor os valores que a lei divina guarda e promove, pela vontade reta e generosa de os encarnar nas suas decisões concretas. Eles, porém, não podem ver a lei só como puro ideal a conseguir no futuro, mas devem considerá-la como um mandato de Cristo de superar cuidadosamente as dificuldades. Por isso, a chamada "lei da graduação" ou caminho gradual não pode identificar-se com a "graduação da lei", como se houvesse vários graus e várias formas de preceito na lei divina para homens em situações diversas. Todos os cônjuges são chamados, segundo o plano de Deus, à santidade no matrimônio e esta alta vocação realiza-se na medida em que a pessoa humana está em grau de responder ao mandato divino com espírito sereno, confiando na graça divina e na vontade própria.[95] Na mesma linha, a pedagogia da Igreja compreende que os cônjuges antes de tudo reconheçam claramente a doutrina da *Humanae vitae* como normativa para o exercício da sexualidade e sinceramente se empenhem em pôr as condições necessárias para a observar.

Esta pedagogia, como sublinhou o Sínodo, compreende toda a vida conjugal. Por isso, a obrigação de transmitir a vida deve integrar-se na missão global da totalidade da vida cristã, a qual, sem a cruz, não pode chegar à ressurreição. Em semelhante contexto compreende-se como não se possa suprimir da vida familiar o sacrifício, mas antes se deva aceitá-lo com o coração para que o amor conjugal se aprofunde e se torne fonte de íntima alegria.

Este caminho comum exige reflexão, informação, conveniente instrução dos sacerdotes, dos religiosos e dos leigos que estão empenhados na pastoral familiar: todos eles poderão ajudar os cônjuges no itinerário humano e espiritual que comporta em si a consciência do pecado, o sincero empenho de observar a lei moral, o ministério da reconciliação. Deve-se também recordar como na intimidade conjugal estão implicadas as vontades das duas pessoas, chamadas a uma harmonia de mentalidade e comportamento: isto exige não pouca paciência, simpatia e tempo. De singular importância neste campo é a unidade dos juízos morais e pastorais dos sacerdotes: tal unidade deve

---

[95] João Paulo II, Homilia para a conclusão do VI Sínodo dos Bispos (25 de outubro de 1980), 8: *AAS* 72 (1980), 1083.

cuidadosamente ser procurada e assegurada, para que os fiéis não tenham que sofrer problemas de consciência.[96]

O caminho dos cônjuges será, portanto, facilitado se, na estima da doutrina da Igreja e na confiança na graça de Cristo, ajudados e acompanhados pelos pastores e pela inteira comunidade eclesial, descobrirem e experimentarem o valor da libertação e da promoção do amor autêntico, que o Evangelho oferece e o mandamento do Senhor propõe.

Suscitar convicções e oferecer uma ajuda concreta

35.   Diante do problema de uma honesta regulação da natalidade, a comunidade eclesial, no tempo presente, deve assumir como seu dever suscitar convicções e oferecer uma ajuda concreta a quantos quiserem viver a paternidade e a maternidade de modo verdadeiramente responsável.

Neste campo, enquanto se congratula com os resultados conseguidos pelas investigações científicas de um conhecimento mais preciso dos ritmos de fertilidade feminina e estimula uma mais decisiva e ampla extensão de tais estudos, a Igreja cristã não pode não solicitar, com renovado vigor, a responsabilidade de quantos — médicos, peritos, conselheiros conjugais, educadores, casais — podem efetivamente ajudar os cônjuges a viver o seu amor no respeito pela estrutura e pelas finalidades do ato conjugal que o exprime. Isto significa um empenho mais vasto,

---

[96] Cf. Paulo VI, Enc. *Humanae vitae*, 28: *AAS* 60 (1968), 501.

decisivo e sistemático, para fazer conhecer, apreciar e aplicar os métodos naturais de regulação da fertilidade.[97]

Um testemunho precioso pode e deve ser dado por aqueles esposos que, mediante o comum empenho na continência periódica, chegaram a uma responsabilidade pessoal mais madura em relação ao amor e à vida. Como escrevia Paulo VI: "A esses confia o Senhor a tarefa de tornar visível aos homens a santidade e a suavidade da lei que une o amor mútuo dos esposos e a cooperação deles com o amor de Deus, autor da vida humana".[98]

2) *A educação*

O direito-dever dos pais de educar

36.   O dever de educar mergulha as raízes na vocação primordial dos cônjuges à participação na obra criadora de Deus: gerando no amor e por amor uma nova pessoa, que traz em si a vocação ao crescimento e ao desenvolvimento, os pais assumem, por isso mesmo, o dever de ajudar eficazmente a viver uma vida plenamente humana. Como recordou o Concílio Vaticano II: "Os pais, que transmitiram a vida aos filhos, têm uma gravíssima obrigação de educar a prole e, por isso, devem ser reconheci-

---

[97] Cf. João Paulo II, Discurso aos delegados do "Centre de Liaison des Equipes de Reeberches" (3 de novembro de 1979), 9: *Insegnamenti di Giovanni Paolo II*, II, 2 (1979), 1035; cf. também Discurso aos Participantes no primeiro Congresso para a Família de África e de Europa (15 de janeiro de 1961): "L'Osservatore Romano", 16 de janeiro de 1981.

[98] Enc. *Humanae vitae*, 25: *AAS* 60 (1968), 499.

dos como seus primeiros e principais educadores. Esta função educativa é de tanto peso que, onde não existir, dificilmente poderá ser suprida. Com efeito, é dever dos pais criar um ambiente de tal modo animado pelo amor e pela piedade para com Deus e para com os homens que favoreça a completa educação pessoal e social dos filhos. A família é, portanto, a primeira escola das virtudes sociais de que as sociedades têm necessidade".[99]

O direito-dever educativo dos pais qualifica-se como *essencial,* ligado como está à transmissão da vida humana; como *original e primário,* em relação ao dever de educar dos outros, pela unidade da relação de amor que subsiste entre pais e filhos; como *insubstituível e inalienável* e, portanto, não delegável totalmente a outros ou por outros usurpável.

Para além destas características, não se pode esquecer que o elemento mais radical que qualifica o dever de educar dos pais é o *amor paterno e materno,* o qual encontra na obra educativa o seu cumprimento ao tornar pleno e perfeito o serviço à vida: o amor dos pais, de *fonte* torna-se *alma* e, portanto, *norma,* que inspira e guia toda a ação educativa concreta, enriquecendo-a com aqueles valores de docilidade, constância, bondade, serviço, desinteresse, espírito de sacrifício, que são o fruto mais precioso do amor.

---

[99] Declaração sobre a educação cristã *Gravissimum educationis,* 3.

Educar para os valores essenciais da vida humana

37. Embora no meio das dificuldades da obra educativa, hoje muitas vezes agravada, os pais devem, com confiança e coragem, formar os filhos para os valores essenciais da vida humana. Os filhos devem crescer numa justa liberdade diante dos bens materiais, adotando um estilo de vida simples e austero, convencidos de que "o homem vale mais pelo que é do que pelo que tem".[100]

Numa sociedade agitada e desagregada por tensões e conflitos em razão do violento choque entre os diversos individualismos e egoísmos, os filhos devem enriquecer-se não só do sentido da verdadeira justiça que, por si só, conduz ao respeito pela dignidade pessoal de cada um, mas também, e ainda mais, do sentido do verdadeiro amor, como solicitude sincera e serviço desinteressado para com os outros, em particular os mais pobres e necessitados. A família é a primeira e fundamental escola de sociabilidade: enquanto comunidade de amor, ela encontra no dom de si a lei que a guia e a faz crescer. O dom de si, que inspira o amor mútuo dos cônjuges, deve pôr-se como modelo e norma daquele que deve existir nas relações entre irmãos e irmãs e entre as diversas gerações que convivem na família. E a comunhão e a participação diariamente vividas em casa, nos momentos de alegria e de dificuldade, representam a mais concreta e eficaz pedagogia para a inserção ativa, responsável e fecunda dos filhos no mais amplo horizonte da sociedade.

---

[100] Conc. Ecum. Vat. II, Const. pastoral sobre a Igreja no mundo contemporâneo *Gaudium et spes*, 35.

A educação para o amor como dom de si constitui também a premissa indispensável para os pais chamados a oferecer aos filhos uma clara e delicada *educação sexual*. Diante de uma cultura que "banaliza" em grande parte a sexualidade humana, porque a interpreta e a vive de maneira limitada e empobrecida coligando-a unicamente ao corpo e ao prazer egoístico, o serviço educativo dos pais deve dirigir-se com firmeza para uma cultura sexual que seja verdadeira e plenamente pessoal. A sexualidade, de fato, é uma riqueza de toda a pessoa — corpo, sentimento e alma — e manifesta o seu significado íntimo ao levar a pessoa ao dom de si no amor.

A educação sexual, direito e dever fundamental dos pais, deve realizar-se sempre sob sua solícita orientação, quer em casa quer nos centros educativos escolhidos e controlados por eles. Neste sentido a Igreja reafirma a lei da subsidiariedade, que a escola deve observar quando coopera na educação sexual, ao imbuir-se do mesmo espírito que anima os pais.

Neste contexto, é absolutamente irrenunciável a educação *para* a *castidade* como virtude que desenvolve a autêntica maturidade da pessoa e a torna capaz de respeitar e promover o "significado nupcial" do corpo. Melhor, os pais cristãos reservarão particular atenção e cuidado, discernindo os sinais do chamado de Deus, para a educação para a virgindade como forma suprema daquele dom de si que constitui o sentido próprio da sexualidade humana.

Pelos laços estreitos que ligam a dimensão sexual da pessoa e os seus valores éticos, o dever educativo deve conduzir os filhos a conhecer e a estimar as normas morais como necessária e preciosa garantia para um crescimento pessoal responsável na sexualidade humana.

Por isso a Igreja opõe-se firmemente a certa forma de informação sexual, desligada dos princípios morais, tão difundida, que não é senão uma introdução à experiência do prazer e um estímulo que leva à perda — ainda nos anos da inocência — da serenidade, abrindo as portas ao vício.

A missão educativa e o sacramento do matrimônio

38. Para os pais cristãos a missão educativa, radicada como já se disse na sua participação na obra criadora de Deus, tem uma nova e específica fonte no sacramento do matrimônio, que os consagra para a educação propriamente cristã dos filhos, isto é, que os chama a participar da mesma autoridade e do mesmo amor de Deus Pai e de Cristo Pastor, como também do amor materno da Igreja, e os enriquece de sabedoria, conselho, fortaleza e de todos os outros dons do Espírito Santo, para ajudar os filhos no seu crescimento humano e cristão.

O dever educativo recebe do sacramento do matrimônio a dignidade e a vocação de ser um verdadeiro e próprio "ministério" da Igreja a serviço da edificação dos seus membros. Tal é a grandeza e o esplendor do ministério educativo dos pais cristãos, que Santo Tomás não hesita em compará-lo ao ministério dos sacerdotes; "Alguns propagam e conservam a vida espiritual como um ministério unicamente espiritual: é a tarefa do sacramento da Ordem, outros fazem-no quanto à vida corporal e espiritual, o que se realiza com o sacramento do matrimônio, que une o homem e a mulher para que tenham filhos e os eduquem para o culto de Deus". [101]

A consciência viva e atenta da missão recebida no sacramento do matrimônio ajudará os pais cristãos a dedicarem-se com grande serenidade e confiança a serviço de educar os filhos e, ao mesmo tempo, com sentido de responsabilidade diante de Deus que os chama e os manda edificar a Igreja nos filhos. Assim a família dos batizados, convocada qual Igreja doméstica pela Palavra e pelo Sacramento, torna-se, conjuntamente, como a grande Igreja, mestra e mãe.

A primeira experiência de Igreja

39.   A missão de educar exige que os pais cristãos proponham aos filhos todos os conteúdos necessários para o amadurecimento gradual da personalidade sob o ponto de vista cristão e eclesial. Retomarão pois, as linhas educativas acima recordadas, com o cuidado de mostrar aos filhos a que profundidade de significado a fé e a caridade de Jesus Cristo sabem conduzir. Para além disso, a certeza de que o Senhor lhes confia o crescimento de um filho de Deus, de um irmão de Cristo, de um templo do Espírito Santo, de um membro da Igreja, ajudará os pais cristãos no seu dever de reforçar na alma dos filhos o dom da graça divina.

---

[101] Santo Tomás de Aquino, *Summa contra gentiles*, IV, 58.

O Concílio Vaticano II precisa assim o conteúdo da educação cristã; "Esta procura dar não só a maturidade de pessoa humana... mas tende principalmente a fazer com que os batizados, enquanto são introduzidos gradualmente no conhecimento do mistério da salvação, tornem-se cada vez mais conscientes do dom da fé que receberam; aprendam, principalmente na ação litúrgica, a adorar a Deus Pai em espírito e verdade (cf. Jo 4,23); disponham-se a levar a própria vida segundo o homem novo em justiça e santidade de verdade (Ef 4,22-24); e assim se aproximem do homem perfeito, da idade plena de Cristo (cf. Ef 4,13) e colaborem no aumento do Corpo Místico. Além disso, conscientes da sua vocação, habituem-se quer a testemunhar a esperança que neles existe (cf. lPd 3,15), quer a ajudar a conformação cristã no mundo".[102]

Também o Sínodo, retomando e desenvolvendo as linhas conciliares, apresentou a missão educativa da família cristã como um verdadeiro ministério, mediante o qual é transmitido e irradiado o Evangelho, a ponto de a mesma vida da família se tornar itinerário de fé e, em certo modo, iniciação cristã e escola para seguir a Cristo. Na família consciente de tal dom, como escreveu Paulo VI, "todos os membros evangelizam e são evangelizados".[103]

Pela força do ministério da educação, os pais, mediante o testemunho de vida, são os primeiros arautos do Evangelho junto dos filhos. Ainda mais, rezando com os filhos, dedicando-se com eles à leitura da Palavra de Deus

---

[102] Decl. sobre educação cristã *Gravissimum educationis*, 2.

[103] Exort. ap. *Evangelii nuntiandi,* 71 *AAS* 68 (1976), 60s.

e inserindo-os no íntimo do Corpo — eucarístico e eclesial — de Cristo mediante a iniciação cristã, tornam-se plenamente pais, progenitores não só da vida carnal, mas também daquela que, mediante a renovação do Espírito, brota da Cruz e da ressurreição de Cristo.

Para que os pais cristãos possam cumprir dignamente o seu ministério educativo, os Padres Sinodais exprimiram o desejo de que seja preparado um catecismo para uso *da família,* com texto adequado, claro, breve e tal que possa ser facilmente assimilado por todos. As conferências episcopais foram vivamente convidadas a empenhar-se na realização deste catecismo.

Relações com outras forças educativas

40.   A família é a primeira, mas não a única e exclusiva comunidade educativa; a dimensão comunitária, civil e eclesial do homem exige e conduz a uma obra mais ampla e articulada, que seja o fruto da colaboração ordenada das diversas forças educativas. Estas forças são todas elas necessárias, mesmo que cada uma possa e deva intervir com a sua competência e o seu contributo próprio.[104]

O dever educativo da família cristã tem, conseqüentemente, um lugar bem importante na pastoral orgânica, o que implica uma nova forma de colaboração entre os pais e as comunidades cristãs, entre os diversos grupos educativos e os pastores. Neste sentido, a renovação da

---

[104] Cf. Conc. Ecum. Vat. II, Decl. sobre educação cristã *Gravissimum educationis,* 3.

escola católica deve dar atenção especial quer aos pais dos alunos, quer à formação de uma perfeita comunidade educadora.

Deve ser absolutamente assegurado o direito dos pais à escolha de uma educação conforme à sua fé religiosa.

O Estado e a Igreja têm obrigação de prestar às famílias todos os meios possíveis a fim de que possam exercer adequadamente os seus deveres educativos. Por isso, quer a Igreja, quer o Estado devem criar e promover aquelas instituições e atividades que as famílias justamente reclamam. A ajuda deverá ser proporcional às insuficiências das famílias. Portanto, todos os que, na sociedade, ocupam postos de direção escolar nunca esqueçam que os pais foram constituídos pelo próprio Deus como primeiros e principais educadores dos filhos, e que o seu direito é absolutamente inalienável.

Mas, complementar ao direito, coloca-se o grave dever dos pais de se empenharem em profundidade numa relação cordial e construtiva com os professores e os diretores das escolas.

Se nas escolas se ensinam ideologias contrárias à fé cristã, toda família, junto com outras, possivelmente mediante formas associativas, deve com todas as forças e com sabedoria ajudar os jovens a não se afastarem da fé. Neste caso, a família tem necessidade de especial ajuda da parte dos pastores, que não poderão esquecer o direito inviolável dos pais de confiar os seus filhos à comunidade eclesial.

Um múltiplo serviço à vida

41. O amor conjugal fecundo exprime-se num serviço à vida em variadas formas, sendo a geração e a educação as mais imediatas, próprias e insubstituíveis. Na realidade, cada ato de amor verdadeiro para com o homem testemunha e aperfeiçoa a fecundidade espiritual da família, porque é obediência ao profundo dinamismo interior do amor como doação de si aos outros.

Nesta perspectiva, para todos rica de valor e de empenho, saberão inspirar-se particularmente aqueles cônjuges que fazem a experiência da esterilidade física.

As famílias cristãs, que na fé reconhecem todos os homens como filhos do Pai comum dos céus, irão generosamente ao encontro dos filhos das outras famílias, sustentando-os e amando-os não como estranhos, mas como membros da única família dos filhos de Deus. Os pais cristãos terão assim oportunidade de alargar o seu amor para além dos vínculos da carne e do sangue, alimentando os laços que têm o seu fundamento no espírito e que se desenvolvem no serviço concreto aos filhos de outras famílias, muitas vezes necessitadas até das coisas mais elementares.

As famílias cristãs saberão viver maior disponibilidade em favor da adoção e do acolhimento de órfãos ou abandonados; enquanto estas crianças, encontrando o calor afetivo de uma família, podem fazer uma experiência da carinhosa e próvida paternidade de Deus, testemunhada pelos pais cristãos, e assim crescer com serenidade e confiança na vida. A família inteira enriquecer-se-á dos valores espirituais de uma fraternidade mais ampla.

A fecundidade das famílias deve conhecer uma incessante "criatividade", fruto maravilhoso do Espírito de Deus, que abre os olhos do coração à descoberta de novas necessidades e sofrimentos da nossa sociedade e que infunde coragem para os assumir e dar-lhes resposta. Apresenta-se às famílias, neste quadro, um vastíssimo campo de ação; com efeito, ainda mais preocupante que o abandono das crianças é hoje o fenômeno da marginalização social e cultural, que duramente fere anciãos, doentes, deficientes, toxicômanos, ex-presidiários etc.

Desta maneira dilata-se enormemente o horizonte da paternidade e da maternidade das famílias cristãs; o seu amor espiritualmente fecundo é desafiado por estas e tantas outras urgências do nosso tempo. Com as famílias e por meio delas, o Senhor continua a ter "compaixão" das multidões.

III — A PARTICIPAÇÃO
NO DESENVOLVIMENTO DA SOCIEDADE

A família, célula primeira e vital da sociedade

42.   "Pois que o Criador de todas as coisas constituiu o matrimônio princípio e fundamento da sociedade humana", a família tornou-se a "célula primeira e vital da sociedade".[105]

A família possui vínculos vitais e orgânicos com a sociedade, porque constitui o seu fundamento e alimento contínuo mediante o dever de serviço à vida: pois é da família que saem os cidadãos e na família encontram a primeira escola daquelas virtudes sociais, que são a alma da vida e do desenvolvimento da mesma sociedade.

Assim, por força da sua natureza e vocação, longe de fechar-se em si mesma, a família abre-se às outras famílias e à sociedade, assumindo a sua tarefa social.

A vida familiar como experiência
de comunhão e de participação

43.   A mesma experiência de comunhão e participação, que deve caracterizar a vida cotidiana da família, representa o seu primeiro e fundamental contributo à sociedade.

---

[105] Conc. Ecum. Vat. II, Decr. sobre o apostolado dos leigos *Apostolicam actuositatem*, 11.

As relações entre os membros da comunidade familiar são inspiradas e guiadas pela lei da "gratuidade" que, respeitando e favorecendo em todos e em cada um a dignidade pessoal como único título de valor, torna-se acolhimento cordial, encontro e diálogo, disponibilidade desinteressada, serviço generoso, solidariedade profunda.

A promoção de uma autêntica e madura comunhão de pessoas na família torna-se a primeira e insubstituível escola de sociabilidade, exemplo e estímulo para as mais amplas relações comunitárias na mira do respeito, da justiça, do diálogo, do amor.

Deste modo, a família, como recordaram os Padres Sinodais, constitui o lugar nativo e o instrumento mais eficaz de humanização e de personalização da sociedade. Colabora de modo original e profundo na construção do mundo, tornando possível uma vida propriamente humana, guardando e transmitindo em particular as virtudes e "os valores". Como escreve o Concílio Vaticano II, na família "congregam-se as diferentes gerações que reciprocamente se ajudam a alcançar uma sabedoria mais plena e a conciliar os direitos pessoais com as outras exigências da vida social".[106]

Assim, diante de uma sociedade que se arrisca a ser cada vez mais despersonalizada e massificada, e, portanto, desumana e desumanizante, com as resultantes negativas de tantas formas de "evasão" — como, por exemplo, o alcoolismo, a droga e o próprio terrorismo —, a família possui e irradia ainda hoje energias formidáveis

---

[106] Const. pastoral sobre a Igreja no mundo contemporâneo *Gaudium et spes*, 52.

capazes de arrancar o homem do anonimato, de o manter consciente da sua dignidade pessoal, de o enriquecer de profunda humanidade e de o inserir ativamente com a sua unicidade e irrepetibilidade no tecido social.

Função social e política

44.   A função social da família não pode certamente fechar-se na obra procriativa e educativa, ainda que nessa encontre a primeira e insubstituível forma de expressão.

As famílias, quer cada uma por si, quer associadas, podem e devem, portanto, dedicar-se a várias obras de serviço social, especialmente em favor dos pobres, e de qualquer modo de todas aquelas pessoas e situações que a organização previdencial e assistencial das autoridades públicas não consegue atingir.

O contributo social da família tem uma originalidade própria, que pode ser mais bem conhecida e mais decisivamente favorecida, sobretudo à medida que os filhos crescem, empenhando de fato o mais possível todos os membros.[107]

Em particular é de realçar a importância sempre maior que na nossa sociedade assume a hospitalidade, em todas as suas formas, desde o abrir as portas da própria casa e ainda mais do próprio coração aos pedidos dos irmãos, ao empenho concreto de assegurar a cada família

---

[107] Cf. Conc. Ecum. Vat. II, Decr. sobre o apostolado dos leigos *Apostolicam actuositatem*, 11.

a sua casa, como ambiente natural que a conserva e a faz crescer. Sobretudo a família cristã é chamada a escutar a recomendação do apóstolo: "Exercei a hospitalidade com solicitude"[108] e portanto a atuar, imitando o exemplo e compartilhando a caridade de Cristo, o acolhimento do irmão necessitado: "Quem der de beber a um destes pequeninos, ainda que seja somente um copo de água fresca, por ser meu discípulo, em verdade vos digo não perderá a sua recompensa".[109]

O dever social das famílias é chamado ainda a manifestar-se sob forma de *intervenção política:* as famílias devem com prioridade diligenciar para que as leis e as instituições do Estado não só não ofendam, mas sustentem e defendam positivamente os seus direitos e deveres. Em tal sentido as famílias devem crescer na consciência de serem protagonistas" da chamada "política familiar" e assumir a responsabilidade de transformar a sociedade: de outra forma, as famílias serão as primeiras vítimas daqueles males que se limitaram a observar com indiferença. O apelo do Concílio Vaticano II para que se supere a ética individualística tem também valor para a família como tal.[110]

---

[108] Rm 12,13.

[109] Mt 10,42.

[110] Cf. Const. pastoral sobre a Igreja no mundo contemporâneo *Gaudium et spes*, 30.

A sociedade a serviço da família

45. A íntima conexão entre a família e a sociedade, como exige a abertura e a participação da família na sociedade e no seu desenvolvimento, impõe também que a sociedade não abandone o seu dever fundamental de respeitar e de promover a família.

A família e a sociedade têm certamente uma função complementar na defesa e na promoção do bem de todos os homens e de cada homem. Mas a sociedade, e mais especificamente o Estado, devem reconhecer que a família é "uma sociedade que goza de direito próprio e primordial"[111] e que, portanto, nas suas relações com a família, são gravemente obrigados ao respeito do princípio de subsidiariedade.

Por força de tal princípio, o Estado não pode nem deve subtrair às famílias tarefas que elas podem desenvolver perfeitamente sozinhas ou livremente associadas, mas favorecer positivamente e solicitar o mais possível a iniciativa responsável das famílias. Convencidas de que o bem da família constitui um valor indispensável e irrenunciável da comunidade civil, as autoridades públicas devem fazer o possível por assegurar às famílias todas aquelas ajudas — econômicas, sociais, educativas, políticas, culturais — de que têm necessidade para fazer frente, de modo humano, a todas as suas responsabilidades.

---

[111] Conc. Ecum. Vat. II, Decl. sobre a liberdade religiosa *Dignitatis humanae*, 5.

A carta dos direitos da família

46. O ideal de uma ação recíproca de auxílio e de desenvolvimento entre a família e a sociedade encontra-se muitas vezes, e em termos bastante graves, com a realidade de uma separação, mais que de uma contraposição.

Com efeito, como continuamente denunciou o Sínodo, a situação que numerosas famílias encontram em diversos países é muito problemática, e até decididamente negativa: instituições e leis que desconhecem injustamente os direitos invioláveis da família e da mesma pessoa humana, e a sociedade, longe de se colocar a serviço da família, agride-a com violência nos seus valores e nas suas exigências fundamentais. Assim a família que, segundo o desígnio de Deus, é a célula base da sociedade, sujeito de direitos e deveres tanto do Estado como de qualquer outra comunidade, encontra-se como vítima da sociedade, dos atrasos e da lentidão das suas intervenções e ainda mais das suas patentes injustiças.

Por tudo isso a Igreja defende aberta e fortemente os direitos da família contra as intoleráveis usurpações da sociedade e do Estado. De modo particular, os Padres Sinodais recordam, entre outros, os seguintes direitos da família:

— o direito de existir e progredir como família, isto é, o direito de cada homem, mesmo o pobre, a fundar uma família e a ter os meios adequados para a sustentar;

— o direito de exercer as suas responsabilidades no intuito de transmitir a vida e de educar os filhos;

— o direito à intimidade da vida conjugal e familiar;

— o direito à estabilidade do vínculo e da instituição matrimonial;

— o direito de crer e de professar a própria fé, e de a difundir;

— o direito de educar os filhos segundo as próprias tradições e valores religiosos e culturais, com os instrumentos, os meios e as instituições necessárias;

— o direito de obter a segurança física, social, política, econômica, especialmente tratando-se de pobres e de enfermos;

— o direito de ter uma habitação digna a conduzir convenientemente a vida familiar;

— o direito de expressão e representação diante das autoridades públicas, econômicas, sociais e culturais e outras inferiores, quer diretamente quer através de associações;

— o direito de criar associações com outras famílias e instituições, para desempenhar de modo adequado e solícito o próprio dever;

— o direito de proteger os menores de medicamentos prejudiciais, da pornografia, do alcoolismo etc., mediante instituições e legislações adequadas;

— o direito à distração honesta que favoreça também os valores da família;

— o direito das pessoas de idade a viver e morrer dignamente;

— o direito de imigrar como família para encontrar vida melhor.[112]

---

[112] Cf. *Propositio*, 42.

A Santa Sé, acolhendo o pedido explícito do Sínodo, terá o cuidado de aprofundar tais sugestões, elaborando uma "Carta dos direitos da família" e propondo-a aos ambientes e às Autoridades interessadas.

Graça e responsabilidade da família cristã

47.   O dever social próprio de cada família diz respeito, por um título novo e original, à família cristã, fundada sobre o sacramento do matrimônio. Assumindo a realidade humana do amor conjugal com todas as suas conseqüências, o sacramento habilita e empenha os cônjuges e os pais cristãos a viver a sua vocação de leigos, e portanto a "procurar o Reino de Deus tratando das realidades temporais e ordenando-as segundo Deus".[113]

O dever social e político reentra naquela missão real ou de serviço da qual os esposos cristãos participam pela força do sacramento do matrimônio, recebendo ao mesmo tempo um mandamento ao qual não podem subtrair-se e uma graça que os sustenta e estimula.

Desse modo, a família cristã é chamada a oferecer a todos o testemunho de uma dedicação generosa e desinteressada pelos problemas sociais, mediante a "opção preferencial" pelos pobres e marginalizados. Por isso, progredindo no caminho do Senhor mediante uma predileção especial para com todos os pobres, deve cuidar especialmente dos esfomeados, dos indigentes, dos anciãos, dos doentes, dos drogados, dos sem-família.

---

[113] Conc. Ecum. Vat. II, Const. dogmática sobre a Igreja *Lumen gentium*, 31.

Para uma nova ordem internacional

48. Diante da dimensão mundial que hoje caracteriza os vários problemas sociais, a família vê alargar-se de modo completamente novo o seu dever para com o desenvolvimento da sociedade: trata-se também de uma cooperação para uma nova ordem internacional, porque só na solidariedade mundial se podem enfrentar e resolver os enormes e dramáticos problemas da justiça no mundo, da liberdade dos povos, da paz da humanidade.

A comunhão espiritual das famílias cristãs, radicadas na fé e esperança comuns e vivificadas pela caridade, constitui uma energia interior que dá origem, difunde e desenvolve justiça, reconciliação, fraternidade e paz entre os homens. Como "pequena Igreja", a família cristã é chamada, à semelhança da "grande Igreja", a ser sinal de unidade para o mundo e a exercer desse modo o seu papel profético, testemunhando o Reino e a paz de Cristo, para os quais o mundo inteiro caminha.

As famílias cristãs poderão fazê-lo quer através da sua obra educativa, oferecendo aos filhos um modelo de vida fundada sobre os valores da verdade, da liberdade, da justiça e do amor, quer com um empenho ativo e responsável no crescimento autenticamente humano da sociedade e das suas instituições, quer mantendo de vários modos associações que se dedicam especificamente aos problemas de ordem internacional.

IV — A PARTICIPAÇÃO
NA VIDA E NA MISSÃO DA IGREJA

A família no mistério da Igreja

49.   Entre os deveres fundamentais da família cristã estabelece-se o dever eclesial: colocar-se a serviço da edificação do Reino de Deus na história, mediante a participação na vida e na missão da Igreja.

Para melhor compreender os fundamentos, os conteúdos e as características de tal participação, ocorre aprofundar os vínculos múltiplos e profundos que ligam entre si a Igreja e a família cristã, e constituem esta última como "uma Igreja em miniatura" (*Ecclesia domestica*),[114] fazendo com que esta, a seu modo, seja imagem viva e representação histórica do próprio mistério da Igreja.

É antes de tudo a Igreja Mãe que gera, educa, edifica a família cristã, operando em seu favor a missão de salvação que recebeu do Senhor. Com o anúncio da Palavra de Deus, a Igreja revela à família cristã a sua verdadeira identidade, o que ela é e deve ser segundo o desígnio do Senhor; com a celebração dos sacramentos, a Igreja enriquece e corrobora a família cristã com a graça de Cristo em ordem à sua santificação para a glória do Pai; com a renovada proclamação do mandamento novo da

---

[114] Cf. Conc. Ecum. Vat. II, Const. dogmática sobre a Igreja *Lumen gentium*, 11; Decr. sobre o apostolado dos leigos *Apostolicam actuositatem*, 11; João Paulo II, Homilia para a abertura do VI Sínodo dos Bispos (26 de setembro de 1980), 3: *AAS* 72 (1980), 1008.

caridade, a Igreja anima e guia a família cristã a serviço do amor, a fim de que imite e reviva o mesmo amor de doação e sacrifício que o Senhor Jesus nutre pela humanidade inteira.

Por sua vez, a família cristã está inserida a tal ponto no mistério da Igreja que se torna participante, a seu modo, da missão de salvação própria da Igreja: os cônjuges e os pais cristãos, em virtude do sacramento, "têm assim, no seu estado de vida e na sua ordem, um dom próprio no Povo de Deus".[115] Por isso, não só "recebem" o amor de Cristo tornando-se comunidade "salva", mas também são chamados a "transmitir" aos irmãos o mesmo amor de Cristo, tornando-se assim comunidade "salvadora". Deste modo, enquanto a família cristã é fruto e sinal de fecundidade sobrenatural da Igreja, torna-se símbolo, testemunho, participação da maternidade da Igreja.[116]

Uma função eclesial própria e original

50.   A família cristã é chamada a tomar parte viva e responsável na missão da Igreja de modo próprio e original, colocando-se a serviço da Igreja e da sociedade no seu ser e agir, enquanto *comunidade íntima de vida* e *de amor*.

Se a família cristã é comunidade, cujos vínculos são renovados por Cristo mediante a fé e os sacramentos, a sua participação na missão da Igreja deve dar-se *segun-*

---

[115] Conc. Ecum. Vat. II, Const. dogmática sobre a Igreja *Lumen gentium*, 11.

[116] Cf. Ibid., 41.

do uma modalidade comunitária: conjuntamente, portanto, os cônjuges *enquanto casal,* os pais e os filhos *enquanto família,* devem viver o seu serviço à Igreja e ao mundo. Devem ser na fé "um só coração e uma só alma",[117] através do espírito apostólico comum que os anima e mediante a colaboração que os empenha nas obras de serviço à comunidade eclesial e civil.

A família cristã, pois, edifica o Reino de Deus na história mediante aquelas mesmas realidades cotidianas que dizem respeito e contradistinguem a sua *condição de vida:* é, então, no *amor conjugal* e *familiar* — vivido na sua extraordinária riqueza de valores e exigências de totalidade, unicidade, fidelidade e fecundidade"[118] — que se exprime e se realiza a participação da família cristã na missão profética, sacerdotal e real de Jesus Cristo e da sua Igreja: o amor e a vida constituem, portanto, o núcleo da missão salvífica da família cristã na Igreja e pela Igreja.

O Concílio Vaticano II recorda-o quando escreve: "Cada família comunicará generosamente às outras as próprias riquezas espirituais. Por isso, a família cristã, nascida de um matrimônio que é imagem e participação da aliança de amor entre Cristo e a Igreja, manifestará a todos a presença viva do Salvador no mundo e a autêntica natureza da Igreja, quer por meio do amor dos esposos, quer pela sua generosa fecundidade, unidade e fidelidade, quer pela amável cooperação de todos os seus membros".[119]

---

[117] At 4,32.

[118] Cf. Paulo VI, Enc. *Humanae vitae*, 9: *AAS* 60 (1968), 486s.

[119] Const. pastoral sobre a Igreja no mundo contemporâneo *Gaudium et spes*, 48.

Posto assim o *fundamento* da participação da família cristã na missão eclesial, é agora o momento de ilustrar o seu *conteúdo na tríplice e unitária referência a Jesus Cristo, Profeta, Sacerdote e Rei,* apresentando por isso a família cristã como: 1) comunidade crente e evangelizadora; 2) comunidade em diálogo com Deus; 3) comunidade a serviço do homem.

1) *A família cristã, comunidade crente e evangelizadora*

A fé, descoberta e admiração do desígnio de Deus sobre a família

51.   Participando da vida e da missão da Igreja, que está em religiosa escuta da Palavra de Deus e a proclama com firme confiança, [120] *a família cristã vive a sua tarefa profética acolhendo e anunciando a Palavra de Deus:* torna-se, assim, cada dia mais comunidade crente e evangelizadora.

Também aos esposos e aos pais cristãos é pedida a obediência da fé: [121] são chamados a acolher a Palavra do Senhor, que a eles revela a extraordinária novidade — a Boa-Nova — da sua vida conjugal e familiar, feita por Cristo santa e santificante. De fato, somente na fé eles podem descobrir e admirar com jubilosa gratidão a que

---

[120] Conf. Conc. Ecum. Vat. II, Const. dogmática sobre a *Revelação divina, Dei Verbum,* 1.

[121] Cf. Rm 16,26.

dignidade Deus quis elevar o matrimônio e a família, constituindo-os sinal e lugar da aliança de amor entre Deus e os homens, entre Jesus Cristo e a Igreja, sua esposa.

A preparação para o matrimônio cristão é já qualificada como um itinerário de fé: põe-se, de fato, como ocasião privilegiada para que os noivos descubram e aprofundem a fé recebida no batismo e alimentada com a educação cristã. Desta forma, reconhecem e acolhem livremente a vocação de seguir o caminho de Cristo e de se pôr a serviço do Reino de Deus na vida matrimonial.

O momento fundamental da fé dos esposos é dado pela celebração do sacramento do matrimônio, que na sua natureza profunda é a proclamação, na Igreja, da Boa-Nova sobre o amor conjugal: é Palavra de Deus que "revela" e "cumpre" o sábio e amoroso projeto que Deus tem sobre os esposos, introduzidos na misteriosa e real participação do próprio amor de Deus pela humanidade. Se em si mesma a celebração sacramental do matrimônio é proclamação da Palavra de Deus, enquanto os noivos são, ao mesmo tempo, protagonistas e celebrantes, deve ser uma "profissão de fé" feita dentro da Igreja e com a Igreja, comunidade dos crentes.

Esta profissão de fé exige o seu prolongamento no decurso da vida dos esposos e da família; Deus que, de fato, chamou os esposos "ao" matrimônio, continua a chamá-los "no" matrimônio. [122] Dentro e através dos fatos, dos problemas, das dificuldades, dos acontecimentos da existência de todos os dias, Deus vai-lhes revelando e propon-

---

[122] Cf. Paulo VI, *Humanae vitae*, 25: *AAS* 60 (1968), 498.

do as "exigências" concretas da sua participação no amor de Cristo pela Igreja, em relação com a situação particular — familiar, social e eclesial — na qual se encontram.

A descoberta e a obediência ao desígnio de Deus devem fazer-se "conjuntamente" pela comunidade conjugal e familiar, mediante a mesma experiência humana do amor do Espírito de Cristo vivido entre os esposos, entre os pais e os filhos.

Por isso, como a grande Igreja, assim também a pequena Igreja doméstica tem necessidade de ser contínua e intensamente evangelizada: daí, portanto, o seu dever de educação permanente na fé.

O ministério de evangelização da família cristã

52. À medida que a família cristã acolhe o Evangelho e amadurece na fé, torna-se comunidade evangelizadora. Escutemos de novo Paulo VI: "A família, como a Igreja, deve ser um lugar onde se transmite o Evangelho e de onde o Evangelho se irradia. Portanto, no interior de uma família consciente desta missão, todos os componentes evangelizam e são evangelizados. Os pais não só comunicam aos filhos o Evangelho, mas podem também receber deles o mesmo Evangelho profundamente vivido. Essa família torna-se, então, evangelizadora de muitas outras famílias e do ambiente no qual está inserida".[123]

---

[123] Exort. ap. *Evangelii nuntiandi*, 71: *AAS* 68 (1976), 60s.

Como repetiu o Sínodo, retomando o meu apelo lançado em Puebla, a futura evangelização depende em grande parte da Igreja doméstica.[124] Esta missão apostólica da família tem as suas raízes no batismo e recebe da graça sacramental do matrimônio uma nova força para transmitir a fé, para santificar e transformar a sociedade atual segundo o desígnio de Deus.

A família cristã, sobretudo hoje, tem uma especial vocação para ser testemunha da aliança pascal de Cristo, mediante a irradiação constante da alegria, do amor e da certeza da esperança, da qual deve tornar-se reflexo: "A família cristã proclama em alta voz as virtudes presentes do Reino de Deus e a esperança na vida bem-aventurada".[125]

A absoluta necessidade da catequese familiar surge com especial vigor em determinadas situações que infelizmente a Igreja experimenta em diversos lugares: "Onde uma legislação anti-religiosa pretende impedir até a educação na fé, onde uma incredulidade difundida ou um secularismo invasor tornam praticamente impossível um verdadeiro crescimento religioso, aquela que poderia ser chamada 'Igreja doméstica' fica como único ambiente, no qual crianças e jovens podem receber uma autêntica catequese".[126]

---

[124] Cf. Discurso à III Assembléia Geral dos Bispos da América Latina (28 de janeiro de 1979) IV, a: *AAS* 71 (1979), 204.

[125] Conc. Ecum. Vat. II, Const. dogmática sobre a Igreja *Lumen gentium*, 35.

[126] João Paulo II, Exort. ap. *Catechesi tradendae*, 68: *AAS* 71 (1979), 1334.

Um serviço eclesial

53. O ministério de evangelização dos pais cristãos é original e insubstituível: assume as conotações típicas da vida familiar, entrelaçada como deveria ser com o amor, com a simplicidade, com o sentido do concreto e com o testemunho do cotidiano.[127] A família deve formar os filhos para a vida, de modo que cada um realize plenamente o seu dever segundo a vocação recebida de Deus. De fato, a família que está aberta aos valores do transcendente, que serve os irmãos na alegria, que realiza com generosa fidelidade os seus deveres e tem consciência da sua participação cotidiana no mistério da Cruz gloriosa de Cristo, torna-se o primeiro e o melhor seminário da vocação à vida consagrada ao Reino de Deus.

O ministério de evangelização e de catequese dos pais deve acompanhar também a vida dos filhos nos anos da adolescência e da juventude, quando estes, como muitas vezes acontece, contestam ou mesmo rejeitam a fé cristã recebida nos primeiros anos da vida. Como na Igreja a obra de evangelização nunca se separa do sofrimento do apóstolo, assim na família cristã os pais devem enfrentar com coragem e com grande serenidade de ânimo as dificuldades que o seu ministério de evangelização algumas vezes encontra nos próprios filhos.

Não se deverá esquecer de que o serviço dos cônjuges e pais cristãos a favor do Evangelho é essencialmente um serviço eclesial, isto é, reentra no contexto da Igreja inteira, qual comunidade evangelizada e evangelizadora.

---

[127] Cf. Ibid., 36: I. c., 1308.

Enquanto radicado e derivado da única missão da Igreja e enquanto ordenado à edificação do único Corpo de Cristo,[128] o ministério de evangelização e de catequese da Igreja doméstica deve permanecer em comunhão íntima e deve harmonizar-se responsavelmente com todos os outros serviços de evangelização e de catequese presentes e operantes na comunidade eclesial, quer diocesana quer paroquial.

Pregar o Evangelho a toda criatura

54. A universalidade sem fronteiras é o horizonte próprio da evangelização, animada interiormente pelo impulso missionário; é, de fato, a resposta explícita e inequívoca ao mandato de Cristo: "Ide pelo mundo inteiro e anunciai a Boa-Nova a toda criatura".[129]

Também a fé e a missão evangelizadora da família cristã prosseguem este alento missionário católico. O sacramento do matrimônio que retoma e volta a propor o dever, radicado no batismo e na confirmação, de defender e difundir a fé,[130] constitui os cônjuges e os pais cristãos testemunhas de Cristo até os confins do mundo,[131] verdadeiros e próprios "missionários" do amor e da vida.

Certa forma de atividade missionária pode desenvolver-se já na mesma família. Isto acontece quando algum dos seus membros não tem fé ou não a pratica com

---

[128] Cf. 1Cor 12,4-6; Ef 4,12s.

[129] Mc 18,15.

[130] Cf. Conc. Ecum. Vat. II, Const. dogmática sobre a Igreja *Lumen gentium*, 11.

[131] At 1,8.

coerência. Em tal caso, os familiares devem oferecer-lhe um testemunho de vida de fé que o estimule e encoraje no caminho para a plena adesão a Cristo Salvador. [132]

Animada já interiormente pelo espírito missionário, a Igreja doméstica é chamada a ser um sinal luminoso da presença de Cristo e do seu amor, mesmo para os "afastados", para as famílias que ainda não crêem e para aquelas que já não vivem em coerência com a fé recebida: é chamada "com o seu exemplo e com o seu testemunho" a iluminar "aqueles que procuram a verdade".[133]

Como já no início do cristianismo Áquila e Priscila se apresentavam como casal missionário, [134] assim hoje a Igreja testemunha a sua incessante novidade e rejuvenescimento com a presença de cônjuges e de famílias cristãs que, ao menos durante certo período de tempo, estão nas terras de missão para anunciar o Evangelho, servindo o homem com o amor de Jesus Cristo.

As famílias cristãs dão um contributo especial à causa missionária da Igreja cultivando a vocação missionárias em seus filhos e filhas[135] e, de forma mais generalizada, com a obra educativa que vai "dispondo os filhos, desde a infância, para conhecerem o amor de Deus por todos os homens". [136]

---

[132] Cf. 1Pd 3,1s.

[133] Cf. Conc. Ecum. Vat. II, Const. dogmática sobre a Igreja *Lumen gentium*, 35; Decr. sobre o apostolado dos leigos *Apostolicam actuositatem*, 11.

[134] At 18; Rm 16,3s.

[135] Cf. Conc. Ecum. Vat. II, Decr. sobre a atividade missionária da Igreja *Ad gentes*, 39.

[136] Conc. Ecum. Vat. II, Decr. sobre o apostolado dos leigos *Apostolicam actuositatem*, 30.

2) A família cristã,
comunidade em diálogo com Deus

O santuário doméstico da Igreja

55.   O anúncio do Evangelho e a sua aceitação pela fé atingem a plenitude na celebração sacramental. A Igreja, comunidade crente e evangelizadora, é também povo sacerdotal, revestido de dignidade e participante do poder de Cristo, Sumo Sacerdote da Nova e Eterna Aliança.[137]

A família cristã também está inserida na Igreja, povo sacerdotal: mediante o sacramento do matrimônio, no qual está radicada e do qual se alimenta, é continuamente vivificada pelo Senhor Jesus; por ele chamada e empenhada no diálogo com Deus mediante a vida sacramental, o oferecimento da própria existência e a oração.

É este o *múnus sacerdotal* que a família cristã pode e deve exercitar em comunhão íntima com toda a Igreja, por meio das realidades cotidianas da vida conjugal e familiar: em tal sentido a família cristã é *chamada a santificar-se e a santificar a comunidade cristã e o mundo.*

**O matrimônio, sacramento
de santificação mútua e ato de culto**

56.   O sacramento do matrimônio, que retoma e especifica a graça santificante do batismo, é a fonte própria e o

---

[137] Cf. Conc. Ecum. Vat. II, Const. dogmática sobre a Igreja *Lumen gentium*, 10.

meio original de santificação para os cônjuges. Em virtude do mistério da morte e ressurreição de Cristo, dentro do qual se insere novamente o matrimônio cristão, o amor conjugal é purificado e santificado: "O Senhor dignou-se sanar, aperfeiçoar e elevar este amor com um dom especial de graça e caridade".[138]

O dom de Jesus Cristo não se esgota na celebração do matrimônio, mas acompanha os cônjuges ao longo de toda a existência. O Concílio Vaticano II recorda-o explicitamente, quando diz que Jesus Cristo "permanece com eles, para que, assim como ele amou a Igreja e se entregou por ela, de igual modo os cônjuges, dando-se um ao outro, amem-se com perpétua fidelidade... Por este motivo, os esposos cristãos são fortalecidos e como que consagrados em ordem aos deveres do seu estado por meio de um sacramento especial; cumprindo, graças à energia deste, a própria missão conjugal e familiar, penetrados do espírito de Cristo que impregna toda a sua vida de fé, esperança e caridade, avançam sempre mais na própria perfeição e mútua santificação e cooperam assim juntos para a glória de Deus".[139]

A vocação universal à santidade é dirigida também aos cônjuges e aos pais cristãos: é especificada para eles pela celebração do sacramento e traduzida concretamente nas realidades próprias da existência conjugal e familiar.[140] Nascem daqui a graça e a exigência de uma autên-

---

[138] Conc. Ecum. Vat. II, Const. pastoral sobre a Igreja no mundo contemporâneo *Gaudium et spes*, 49.

[139] Ibid., 48.

[140] Cf. Conc. Ecum. Vat. II, Const. dogmática sobre a Igreja *Lumen gentium*, 41.

tica e profunda *espiritualidade conjugal e familiar,* que se inspire nos motivos da criação, da aliança, da cruz, da ressurreição e do sinal, sobre cujos temas se deteve várias vezes o Sínodo.

O matrimônio cristão, como todos os sacramentos que "estão ordenados à santificação dos homens, à edificação do Corpo de Cristo e, enfim, a prestar culto a Deus",[141] é em si mesmo um ato litúrgico de louvor a Deus em Jesus Cristo e na Igreja: celebrando-o, os cônjuges cristãos professam a sua gratidão a Deus pelo dom sublime que lhes foi dado de poder reviver na sua existência conjugal e familiar o mesmo amor de Deus pelos homens e de Cristo pela Igreja, sua esposa.

E como do sacramento derivam para os cônjuges o dom e a obrigação de viver no cotidiano a santificação recebida, assim do mesmo sacramento dimanam a graça e o empenho moral de transformar toda a sua vida num contínuo "sacrifício espiritual".[142] Ainda aos esposos e aos pais cristãos, particularmente para aquelas realidades terrenas e temporais que os caracterizam, aplicam-se as palavras do Concílio: "E, deste modo, os leigos, agindo em toda parte santamente, como adoradores, consagram a Deus o próprio mundo".[143]

---

[141] Conc. Ecum. Vat. II, Const. sobre a sagrada liturgia *Sacrosanctum Concilium,* 59.

[142] Cf. 1Pd 2,5; Conc. Ecum. Vat. II, Const. dogmática sobre a Igreja *Lumen gentium,* 34.

[143] Conc. Ecum. Vat. II, Const. dogmática sobre a Igreja *Lumen gentium,* 34.

Matrimônio e Eucaristia

57. O dever de santificação da família tem a sua primeira raiz no batismo e a sua expressão máxima na Eucaristia, à qual está intimamente ligado o matrimônio cristão. O Concílio Vaticano II quis chamar a atenção para a relação especial que existe entre a Eucaristia e o matrimônio, pedindo que: "O matrimônio se celebre usualmente durante a Missa".[144] Redescobrir e aprofundar tal relação é absolutamente necessário, se se quiser compreender e viver com maior intensidade as graças e as responsabilidades do matrimônio e da família cristã.

A Eucaristia é a fonte própria do matrimônio cristão. O sacrifício eucarístico, de fato, representa a aliança de amor de Cristo com a Igreja, enquanto sigilada com o sangue da sua Cruz.[145] Neste sacrifício da Nova e Eterna Aliança é que os cônjuges cristãos encontram a raiz da qual brota, é interiormente plasmada e continuamente vivificada a sua aliança conjugal. Como representação do sacrifício de amor de Cristo pela Igreja, a Eucaristia é fonte de caridade. E, no dom eucarístico da caridade, a família cristã encontra o fundamento e a alma da sua "comunhão" e da sua "missão": o Pão eucarístico faz dos diversos membros da comunidade familiar um único corpo, revelação e participação na mais ampla unidade da Igreja, a participação, pois, no Corpo "dado" e no Sangue "derramado" de Cristo torna-se fonte inesgotável do dinamismo missionário e apostólico da família cristã.

---

[144] Const. sobre a sagrada liturgia *Sacrosanctum Concilium*, 78.

[145] Cf. Jo 19,34.

O sacramento da conversão e da reconciliação

58. Uma parte essencial e permanente do dever de santificação da família cristã é o acolhimento do apelo evangélico de conversão dirigido a todos os cristãos, que nem sempre permanecem fiéis à "novidade" daquele batismo que os constituiu "santos". A família cristã também nem sempre é coerente com a lei da graça e da santidade batismal, proclamada de novo pelo sacramento do matrimônio.

O arrependimento e o mútuo perdão no seio da família cristã, que se revestem de tanta importância na vida cotidiana, encontram o seu momento sacramental específico na Penitência cristã. Aos cônjuges escrevia assim Paulo VI, na Encíclica *Humanae vitae:* "Se o pecado os atingir, não desanimem, mas recorram com humilde perseverança à misericórdia que, com prodigalidade, é generosamente dada no sacramento da Penitência".[146]

A celebração deste sacramento dá à vida familiar um significado particular: ao descobrirem pela fé como o pecado contradiz não só a aliança com Deus, mas também a aliança dos cônjuges e a comunhão da família, os esposos e todos os membros da família são conduzidos ao encontro com Deus "rico em misericórdia",[147] o qual, alargando o seu amor que é mais forte do que o pecado,[148] reconstrói e aperfeiçoa a aliança conjugal e a comunhão familiar.

---

[146] N. 25: *AAS* 69 (1968), 499.

[147] Ef 2,4.

[148] Cf. Paulo II, Enc. *Dives in misericordia*, 13: *AAS* 72 (1980), 1218s.

A oração familiar

59.   A Igreja reza pela família cristã e educa-a a viver em generosa coerência com o dom e o dever sacerdotal, recebido de Cristo, Sumo Sacerdote. Na realidade, o sacerdócio batismal dos fiéis, vivido no matrimônio-sacramento, constitui para os cônjuges e para a família o fundamento de uma vocação e de uma missão sacerdotal, pela qual a própria existência cotidiana se transforma num "sacrifício espiritual agradável a Deus por meio de Jesus Cristo": [149] é o que acontece não só com a celebração da Eucaristia e dos outros sacramentos e com a oferenda de si mesmos à glória de Deus, mas também com a vida de oração, com o diálogo orante com o Pai por Jesus Cristo, no Espírito Santo.

A oração familiar tem suas características. É uma oração *feita em comum,* marido e mulher juntos, pais e filhos juntos. A comunhão na oração é, ao mesmo tempo, fruto e exigência daquela comunhão que é dada pelos sacramentos do batismo e do matrimônio. Aos membros da família cristã podem aplicar-se de modo particular as palavras com que Cristo promete a sua presença: "Digo-vos ainda: se dois de vós se unirem, na terra, para pedir qualquer coisa, meu Pai que está nos céus a concederá. Pois onde estiverem reunidos, em meu nome, dois ou três, eu estou no meio deles".[150]

A oração familiar tem como conteúdo original *a própria vida de família,* que em todas as suas diversas

---

[149] Cf. 1Pd 2,5.

[150] Mt 18,19s.

fases é interpretada como vocação de Deus e realizada como resposta filial ao seu apelo: alegrias e dores, esperanças e tristezas, nascimento e festas de anos, aniversários de núpcias dos pais, partidas, ausência e regressos, escolhas importantes e decisivas, a morte de pessoas queridas etc., assinalam a intervenção do amor de Deus, na história da família, assim como devem marcar o momento favorável para a ação de graças, para a impetração, para o abandono confiante da família ao Pai comum que está nos céus. A dignidade e a responsabilidade da família cristã como Igreja doméstica só podem, pois, ser vividas com a ajuda incessante de Deus, que não faltará, se implorada com humildade e confiança na oração.

Educadores de oração

60.   Em virtude da sua dignidade e missão, os pais cristãos têm o dever específico de educar os filhos para a oração, de os introduzir na descoberta progressiva do mistério de Deus e no colóquio pessoal com ele: "É sobretudo na família cristã, ornada da graça e do dever do sacramento do matrimônio, que devem ser ensinados os filhos desde os primeiros anos, segundo a fé recebida no Batismo, a conhecer e adorar a Deus e amar o próximo".[151]

Elemento fundamental e insubstituível da educação para a oração é o exemplo concreto, o testemunho vivo

---

[151] Conc. Ecum. Vat. II, Decl. sobre a educação cristã *Gravissimum educationis*, 3; cf. João Paulo II, Exort. ap. *Catechesi tradendae*, 36; *AAS* 71 (1979), 1308.

dos pais: só rezando em conjunto com os filhos, o pai e a mãe, enquanto cumprem o próprio sacerdócio real, entram na profundidade do coração dos filhos, deixando marcas que os acontecimentos futuros da vida não conseguirão fazer desaparecer. Tornemos a escutar o apelo que o Papa Paulo VI dirigiu aos pais: "Mães, ensinais aos vossos filhos as orações do cristão? De acordo com os sacerdotes, preparais os vossos filhos para os sacramentos da primeira idade: confissão, comunhão, crisma? Habituai-os, quando enfermos, a pensar em Cristo que sofre? A invocar o auxílio de Nossa Senhora e dos Santos? Rezais o terço em família? E vós, pais, sabeis rezar com os vossos filhos, com toda a comunidade doméstica, pelo menos algumas vezes? O vosso exemplo, na retidão do pensamento e da ação, sufragada com alguma oração comum, tem o valor de uma lição de vida, tem o valor de um ato de culto de mérito particular; levais assim a paz às paredes domésticas: *Pax huic domui!* Recordai: deste modo construís a Igreja!"[152]

Oração litúrgica e privada

61.   Entre a oração da Igreja e a de cada um dos fiéis há uma profunda e vital relação, como reafirmou claramente o Concílio Vaticano II.[153] Ora, uma finalidade importante da oração da Igreja doméstica é constituir, para os filhos,

---

[152] Discurso na Audiência geral (11 de agosto de 1976): *Insegnamenti di Paolo VI*, XIV (1976), 640.

[153] Cf. Const. sobre a sagrada liturgia *Sacrosanctum Concilium*, 12.

a introdução natural à oração litúrgica própria da Igreja inteira, tanto no sentido de uma preparação para ela, como de a alargar ao âmbito da vida pessoal, familiar e social. Daqui a necessidade de uma participação progressiva de todos os membros da família cristã na Eucaristia, sobretudo na dominical e festiva, e nos outros sacramentos, em particular nos da iniciação cristã dos filhos. As diretivas conciliares abriram uma nova possibilidade à família cristã, que foi incluída entre os grupos aos quais se recomenda a celebração comunitária do Ofício divino.[154] Assim também está ao cuidado da família cristã celebrar, mesmo em casa e de forma adaptada aos seus membros, os tempos e as atividades do ano litúrgico.

Para preparar e prolongar em casa o culto celebrado na Igreja, a família cristã recorre à oração privada, que se apresenta sob uma grande variedade de formas: esta variedade, enquanto testemunho da riqueza extraordinária com a qual o Espírito anima a oração cristã, responde às diversas exigências e situações da vida de quem se volta para o Senhor. Além das orações da manhã e da tarde são expressamente aconselhadas — seguindo também indicações dos Padres Sinodais — a leitura e a meditação da Palavra de Deus, a preparação para a recepção dos sacramentos, a devoção e consagração ao Coração de Jesus, as várias formas de culto à Santíssima Virgem, a bênção da mesa, as práticas de piedade popular.

No respeito pela liberdade dos filhos de Deus, a Igreja propôs e continua a sugerir aos fiéis algumas práti-

---

[154] Cf. *Institutio Generalis de Liturgia Horarum*, 27.

cas de piedade com solicitude e insistência particulares. Entre estas é de lembrar a recitação do Rosário: "Queremos agora, em continuidade de pensamento com os nossos Predecessores, recomendar vivamente a recitação do santo Rosário em família... Não há dúvida de que o Rosário da bem-aventurada Virgem Maria deve ser considerado uma das mais excelentes e eficazes orações em comum, que a família cristã é convidada a recitar. Dá-nos gosto pensar e desejamos vivamente que, quando o encontro familiar se transforma em tempo de oração, seja o Rosário a sua expressão freqüente e preferida".[155] Desta maneira, a autêntica devoção mariana, que se exprime no vínculo sincero e na generosa série das posições espirituais da Virgem Santíssima, constitui um instrumento privilegiado para alimentar a comunhão de amor da família e para desenvolver a espiritualidade conjugal e familiar. Ela, a Mãe de Cristo e da Igreja, é também, de fato, de forma especial, a Mãe das famílias cristãs, das Igrejas domésticas.

Oração e vida

62.   Nunca se deverá esquecer que a oração é parte constitutiva essencial da vida cristã, tomada na sua integralidade e centralidade; mais ainda, pertence à nossa própria "humanidade"; é "a primeira expressão da vida interior do homem, a primeira condição da autêntica liberdade do espírito".[156]

---

[155] Paulo VI, Exort. ap. *Marialis cultus*, 52-54: *AAS* 66 (1974), 160s.

[156] João Paulo II, Discurso ao Santuário de Mentorella (29 de outubro de 1978): *Insegnamenti di Giovanni Paolo II*, I (1978), 78s.

Por isso, a oração não representa de modo algum uma evasão que desvia das preocupações diárias, mas constitui o impulso mais forte para que a família cristã assuma e cumpra em plenitude todas as suas responsabilidades de célula primeira e fundamental da sociedade humana. Em tal sentido, a efetiva participação na vida e na missão da Igreja no mundo é proporcional à fidelidade e à intensidade da oração com que a família cristã se une à Videira fecunda, Cristo Senhor.[157]

Da união vital com Cristo, alimentada pela Liturgia, pelo oferecimento de si e da oração, deriva também a fecundidade da família cristã no seu serviço específico de promoção humana, que de per si não pode não levar à transformação do mundo.[158]

3) *A família cristã, comunidade a serviço do homem*

O mandamento novo do amor

63.   A Igreja, povo profético, sacerdotal e real, tem a missão de levar todos os homens a acolher na fé a Palavra de Deus, a celebrá-la e a professá-la nos sacramentos e na oração, e, por fim, a manifestá-la na vida concreta segundo o dom e o mandamento novo do amor.

---

[157] Cf. Conc. Ecum. Vat. II, Decr. sobre o apostolado dos leigos *Apostolicam actuositatem*, 4.

[158] Cf. João Paulo I, Discurso aos Bispos da XII Região Pastoral dos Estados Unidos da América (12 de setembro de 1978): *AAS* 70 (1978), 767.

A vida cristã encontra a sua lei não num código escrito, mas na ação pessoal do Espírito Santo que anima e guia o cristão, isto é, na "lei do Espírito que dá vida em Cristo Jesus":[159] "O amor de Deus foi derramado em nossos corações pelo Espírito Santo, que nos foi concedido".[160]

Isto vale também para o casal e para a família cristã: seu guia e norma é o Espírito de Jesus, difundido nos corações com a celebração do sacramento do matrimônio. Em continuidade com o batismo na água e no Espírito, o matrimônio propõe outra vez a lei evangélica do amor, e, com o dom do Espírito, grava-a mais profundamente no coração dos cônjuges cristãos: o seu amor, purificado e salvo, é fruto do Espírito, que age no coração dos crentes e se coloca, ao mesmo tempo, como mandamento fundamental da vida moral pedida à liberdade responsável deles.

A família cristã é deste modo animada e guiada pela nova lei do Espírito e em íntima comunhão com a Igreja, povo real, chamada a viver o seu "serviço" de amor a Deus e aos irmãos. Como Cristo exerce o seu poder real pondo-se a serviço dos homens,[161] assim o cristão encontra o sentido autêntico da sua participação na realeza do seu Senhor ao condividir com ele o espírito e a atitude de serviço no que diz respeito ao homem: "Comunicou (Cristo) este poder aos discípulos, para que também eles sejam constituídos em régia liberdade e, com a abnegação de si mesmos e a santidade da vida, vençam

---

[159] Rm 8,2.

[160] Ibid., 5,5.

[161] Cf. Mc 10,45.

em si próprios o reino do pecado (cf. Rm 6,12); mais ainda, para que, servindo a Cristo também nos outros, conduzam os seus irmãos, com humildade e paciência, àquele Pai, a quem servir é reinar. Pois o Senhor deseja dilatar também por meio dos leigos o seu reino, de verdade e de vida, reino de santidade e de graça, reino de justiça, de amor e de paz, no qual a própria criação será liberta da servidão da corrupção alcançando a liberdade da glória dos filhos de Deus" (cf. Rm 8,21).[162]

Descobrir em cada irmão a imagem de Deus

64.   Animada e sustentada pelo mandamento novo do amor, a família cristã vive a acolhida, o respeito, o serviço para com o homem, considerado sempre na sua dignidade de pessoa e de filho de Deus.

Isto deve acontecer, antes de tudo, no e para o casal e para a família, mediante o empenho cotidiano de promover uma autêntica comunidade de pessoas, fundada e alimentada por uma íntima comunhão de amor. Deve, além disso, ampliar-se para o círculo mais universal da comunidade eclesial, dentro da qual a família cristã está inserida: graças à caridade da família, a Igreja pode e deve assumir uma dimensão mais doméstica, isto é, mais familiar, adotando um estilo de relações mais humano e fraterno.

A caridade ultrapassa os próprios irmãos na fé, porque "todo homem é meu irmão"; em cada um, sobre-

---

[162] Conc. Ecum. Vat. II, Const. dogmática sobre a Igreja *Lumen gentium*, 36.

tudo se pobre, fraco, sofredor e injustamente tratado, a caridade sabe descobrir o rosto de Cristo e um irmão para amar e servir.

Para que o serviço ao homem seja vivido pela família segundo o estilo evangélico, será necessário pôr em prática com urgência o que escreve o Concílio Vaticano II: "Para que este exercício da caridade seja e apareça acima de toda suspeita, considere-se no próximo a imagem de Deus, para o qual foi dado, veja-se nele Cristo, a quem realmente se oferece tudo o que ao indigente se dá".[163]

A família cristã, enquanto edifica a Igreja pela caridade, põe-se a serviço do homem e do mundo, realizando verdadeiramente a "promoção humana", cujo conteúdo se encontra sintetizado na Mensagem do Sínodo à família: "É vossa tarefa formar os homens para o amor e educá-los a agir com amor em todas as relações humanas, de modo que o amor fique aberto à comunidade inteira, permeado do sentido de justiça e de respeito para com os demais, consciente da própria responsabilidade para com a mesma sociedade".[164]

---

[163] Decr. sobre o apostolado dos leigos *Apostolicam actuositatem*, 8.

[164] Cf. Mensagem do VI Sínodo dos Bispos às Famílias cristãs no mundo contemporâneo, 12 (24 de outubro de 1980).

QUARTA PARTE

A PASTORAL FAMILIAR: ETAPAS, ESTRUTURAS, RESPONSÁVEIS E SITUAÇÕES

I — AS ETAPAS DA PASTORAL FAMILIAR

A Igreja acompanha a família cristã no seu caminho

65.   Como toda a realidade vivente, também a família é chamada a desenvolver-se e a crescer. Depois da preparação do noivado e da celebração sacramental do matrimônio, o casal inicia o caminho diário para a progressiva atuação dos valores e dos deveres do próprio matrimônio.

À luz da fé e em virtude da esperança, também a família cristã participa, em comunhão com a Igreja, na experiência de peregrinação na Terra para a plena revelação e realização do Reino de Deus.

Sublinha-se, portanto, uma vez mais a urgência da intervenção pastoral da Igreja em favor da família. É preciso empregar todas as forças para que a pastoral da família se afirme e desenvolva, dedicando-se a um setor verdadeiramente prioritário, com a certeza de que a evangelização, no futuro, depende em grande parte da Igreja doméstica.[165]

A solicitude pastoral da Igreja não se limitará somente às famílias cristãs mais próximas, mas, alargando os próprios horizontes à medida do coração de Cristo, mostrar-se-á ainda mais viva para o conjunto das famílias em geral e para aquelas, em particular, que se encontram em situações difíceis ou irregulares. Para todas elas a Igreja terá uma palavra de verdade, de bondade, de compreensão, de esperança, de participação viva nas suas dificuldades por vezes dramáticas; a todas oferecerá ajuda desinteressada a fim de que possam aproximar-se do modelo de família, que o Criador quis desde o "princípio" e que Cristo renovou com a graça redentora.

A ação pastoral da Igreja deve ser progressiva, também no sentido que deve seguir a família, acompanhando-a passo a passo nas diversas etapas da sua formação e desenvolvimento.

A preparação

66. A preparação dos jovens para o matrimônio e a vida familiar é necessária hoje mais do que nunca. Em alguns países são ainda as mesma famílias que, segundo costumes antigos, se reservam transmitir aos jovens os valores que dizem respeito à vida matrimonial e familiar,

---

[165] Cf. João Paulo II, Discurso a III Assembléia Geral dos Bispos da América Latina (28 de janeiro de 1979) IV, a: *AAS* 71 (1979), 204.

mediante uma obra progressiva de educação ou iniciação. Mas as mudanças verificadas no seio de quase todas as sociedades modernas exigem que não só a família, mas também a sociedade e a Igreja se empenhem no esforço de preparar adequadamente os jovens para as responsabilidades do seu futuro. Muitos fenômenos negativos que hoje se lamentam na vida familiar derivam do fato que, nas situações novas, os jovens não só perdem de vista a justa hierarquia dos valores, mas, não possuindo critérios seguros de comportamento, não sabem como enfrentar e resolver as novas dificuldades. Contudo, a experiência ensina que os jovens bem preparados para a vida familiar, em geral, têm mais êxito do que os outros.

Isto vale mais ainda para o matrimônio cristão, cuja influência repercute na santidade de tantos homens e mulheres. Por isso a Igreja deve promover melhores e mais intensos programas de preparação para o matrimônio, a fim de eliminar, o mais possível, as dificuldades com que se debatem tantos casais, e sobretudo para favorecer positivamente o aparecimento e o amadurecimento de matrimônios com êxito.

A preparação para o matrimônio deve ser considerada e realizada como um processo gradual e contínuo. Compreende, de fato, três momentos principais: uma preparação remota, outra próxima e uma outra imediata.

A *preparação remota tem* início desde a infância, naquela sábia pedagogia familiar, orientada a conduzir as crianças a descobrirem-se a si mesmas como seres dotados de uma rica e complexa psicologia e de uma personalidade particular com as forças e fragilidades próprias. É o período em que é infundida a estima por todo valor humano autêntico, quer nas relações interpessoais quer nas sociais, com tudo o que significa para a formação do caráter, para o domínio e reto uso das inclinações próprias, para o modo de considerar e encontrar as pessoas do outro sexo etc. É pedida, além disso, especialmente aos cristãos, uma sólida formação espiritual e catequética, que saiba mostrar o matrimônio como verdadeira vocação e missão sem excluir a possibilidade do dom total de si a Deus na vocação à vida sacerdotal ou religiosa.

É nesta base que, em seguida e mais amplamente, será apresentado o problema da *preparação próxima,* que — desde a idade oportuna e com adequada catequese, como em forma de caminho catecumenal — compreende uma preparação mais específica, quase uma nova descoberta dos sacramentos. Esta catequese renovada de todos os que se preparam para o matrimônio cristão é absolutamente necessária, para que o sacramento seja celebrado e vivido com retas disposições morais e espirituais. A formação religiosa dos jovens deverá ser integrada, no momento conveniente e segundo as várias exigências concretas, numa preparação para a vida a dois que, apresentando o matrimônio como uma relação interpessoal do homem e da mulher em contínuo desenvolvimento, estimule a aprofundar os problemas da sexualidade conjugal e da paternidade responsável, com os conhecimentos médico-biológicos essenciais que lhe estão anexos, e os leve à familiaridade com métodos adequados de educação dos filhos, favorecendo a aquisição dos elementos de base para uma condução ordenada da família (por exemplo, trabalho estável, disponibilidade financeira suficiente, administração sábia, noções de economia doméstica).

Por fim não se deverá omitir a preparação para o apostolado familiar, para a fraternidade e colaboração com as outras famílias, para a inserção ativa nos grupos, associações, movimentos e iniciativas que têm por finalidade o bem humano e cristão da família.

A preparação imediata para a celebração do sacramento do matrimônio deve ter lugar nos últimos meses e semanas que precedem as núpcias, quase a dar um novo significado, um novo conteúdo e forma nova ao chamado exame pré-nupcial exigido pelo direito canônico. Sempre necessária em todos os casos, tal preparação impõe-se com maior urgência para aqueles noivos que apresentam carências e dificuldades na doutrina e na prática cristã.

Entre os elementos para se comunicar nesse caminho de fé, análogo ao do catecumenato, deve incluir-se uma profunda consciência do mistério de Cristo e da Igreja, dos significados de graça e de responsabilidade do matrimônio cristão, assim como a preparação para tomar parte ativa e consciente nos ritos da liturgia nupcial.

Nas diversas fases de preparação para o matrimônio — que delineamos somente em grandes traços indicativos —, devem sentir-se empenhadas a família cristã e toda a comunidade eclesial. É desejável que as Conferências episcopais, interessadas em iniciativas oportunas para ajudar os futuros esposos a serem mais conscientes da seriedade da sua escolha e os pastores a certificarem-se das suas convenientes disposições, publiquem um *Dire-*

tório para a pastoral da família. Nele deverão estabelecer, antes de tudo, os elementos mínimos de conteúdo, de duração e de métodos dos "Cursos de preparação", equilibrando os diversos aspectos — doutrinais, pedagógicos, legais e médicos — e estudando-os de modo que quantos se preparam para o matrimônio, para além de um aprofundamento intelectual, se sintam estimulados a inserir-se vitalmente na comunidade eclesial.

Muito embora o caráter de necessidade e de obrigatoriedade da preparação imediata não seja de menosprezar — o que aconteceria se se concedesse facilmente a dispensa —, todavia tal preparação deve ser sempre proposta e realizada de modo que sua eventual omissão não seja impedimento à celebração do matrimônio.

A celebração

67. O matrimônio cristão exige, por norma, uma celebração litúrgica que exprime de forma social e comunitária a natureza essencialmente eclesial-sacramental do pacto conjugal entre os batizados.

Enquanto *gesto sacramental de santificação,* a celebração do matrimônio — inserida na liturgia, cume de toda a ação da Igreja e fonte da sua força santificadora[166] — deve ser por si válida, digna e frutuosa. Abre-se aqui um campo vasto à solicitude pastoral a fim de que sejam

---

[166] Cf. Conc. Ecum. Vat. II, Const. sobre a sagrada liturgia *Sacrosanctum Concilium,* 10.

plenamente cumpridas as exigências que provêm da natureza do pacto conjugal elevado a sacramento, e seja de igual modo fielmente observada a disciplina da Igreja sobre a liberdade do consentimento, os impedimentos, a forma canônica e o próprio rito da celebração. Este último deve ser simples e digno, de acordo com os princípios das competentes autoridades da Igreja, às quais também incumbe — segundo as circunstâncias concretas de tempo e de lugar e em conformidade com as normas emanadas da Sé Apostólica[167] — assumir eventualmente, na celebração litúrgica, elementos próprios de uma determinada cultura, que exprimam de forma mais adequada o profundo significado humano e religioso do pacto conjugal, desde que nada contenham de menos condizente com a fé e a moral cristãs.

Enquanto *sinal,* a celebração litúrgica deve desenvolver-se de maneira a constituir, mesmo no seu aspecto exterior, uma proclamação da Palavra de Deus e uma profissão de fé da comunidade dos crentes. O empenho pastoral terá aqui a sua expressão no diligente cuidado da preparação da "Liturgia da Palavra" e na educação para a fé dos que assistem à celebração e, em primeiro lugar, dos nubentes.

Enquanto gesto *sacramental da Igreja,* a celebração litúrgica do matrimônio deve envolver a comunidade cristã, com uma participação plena, ativa e responsável de todos os presentes, de acordo com a posição e a função de cada um: os esposos, o sacerdote, as testemunhas,

---

[167] Cf. *Ordo celebrandi matrimonium,* 17.

os parentes, os amigos, os demais fiéis: todos os membros de uma assembléia que manifesta e vive o mistério de Cristo e da sua Igreja.

Para a celebração do matrimônio cristão no âmbito de culturas ou tradições ancestrais, sigam-se os princípios já enunciados.

Celebração do matrimônio
e evangelização dos batizados não-crentes

68. Exatamente porque na celebração do sacramento se presta uma atenção muito especial às disposições morais e espirituais dos nubentes, em particular à sua fé, enfrentamos aqui uma dificuldade não rara, que os pastores da Igreja podem encontrar no contexto da nossa sociedade secularizada.

Com efeito, a fé de quem pede para casar-se pela Igreja pode existir em graus diversos, e é dever primário dos pastores fazer descobri-la de novo, nutri-la e torná-la madura. Devem, além disso, compreender as razões que levam a Igreja a admitir à celebração do matrimônio mesmo aqueles que estão imperfeitamente dispostos.

O matrimônio tem de específico o ser sacramento de uma realidade que já existe na economia da criação: o mesmo pacto conjugal instituído pelo Criador "desde o princípio". A decisão do homem e da mulher de se casarem segundo este projeto divino, a decisão de empenharem no seu irrevogável consenso conjugal toda a vida num amor indissolúvel e numa fidelidade incondicional, implica realmente, mesmo que não de modo plenamente consciente, uma disposição de profunda obediência à vontade de Deus, que não pode acontecer sem a graça.

Já se inserem, portanto, num verdadeiro e próprio caminho de salvação, que a celebração do sacramento e a sua imediata preparação podem completar e levar a termo, dada a retidão da intenção deles.

É verdade, contudo, que, em alguns territórios, motivos de caráter mais social que autenticamente religioso induzem os noivos a casarem-se na Igreja. Não admira. O matrimônio, na verdade, não é um acontecimento que diz respeito só a quem se casa. Por sua própria natureza é também um fato social, que compromete os esposos ante a sociedade. Desde sempre a sua celebração se faz com festa, que une as famílias e os amigos. É normal, portanto, que entrem motivos sociais, juntamente com os pessoais, na petição do casamento na Igreja.

Todavia, não se deve esquecer de que esses noivos, pela força do seu batismo, estão já realmente inseridos na Aliança nupcial de Cristo com a Igreja e que, pela sua reta intenção, acolheram o projeto de Deus sobre o matrimônio, e, portanto, ao menos implicitamente, querem aquilo que a Igreja faz quando celebra o matrimônio. Assim, o mero fato de neste pedido entrarem motivos de caráter social não justifica uma eventual recusa da celebração do matrimônio pelos pastores. De resto, como ensinou o Concílio Vaticano II, os sacramentos com as palavras e os elementos rituais nutrem e robustecem a fé:[168] aquela fé

---

[168] Cf. Conc. Ecum. Vat. II, Const. sobre a sagrada liturgia *Sacrosanctum Concilium,* 59.

para a qual os noivos já estão encaminhados pela força da retidão da sua intenção, que a graça de Cristo não deixa certamente de favorecer e de sustentar.

Querer estabelecer critérios ulteriores de admissão à celebração eclesial do matrimônio, que deveriam considerar o grau de fé dos nubentes, compreende, além do mais, riscos graves. Antes de tudo, o de pronunciar juízos infundados e discriminatórios; depois, o risco de levantar dúvidas sobre a validade de matrimônios já celebrados, com dano grave para as comunidades cristãs, e de novas inquietações injustificadas para a consciência dos esposos; cair-se-ia no perigo de contestar ou de pôr em dúvida a sacramentalidade de muitos matrimônios de irmãos separados da comunhão plena com a Igreja católica, contradizendo, assim, a tradição eclesial.

Quando, pelo contrário, não obstante todas as tentativas feitas, os nubentes mostram recusar, de modo explícito e formal, o que a Igreja quer fazer ao celebrar o matrimônio dos batizados, o pastor não os pode admitir à celebração. Mesmo se constrangido, ele tem o dever de avaliar a situação e fazer compreender aos interessados que, estando assim as coisas, não é a Igreja, mas eles mesmos a impedirem a celebração que não obstante pedem.

Mais uma vez se manifesta com toda urgência a necessidade de uma evangelização e catequese pré e pósmatrimoniais, feitas por toda a comunidade cristã, para que cada homem e cada mulher que se casam, o possam fazer de modo a celebrar o sacramento do matrimônio não só válida mas também frutuosamente.

Pastoral pós-matrimonial

69.   O cuidado pastoral da família regularmente constituída significa, em concreto, o empenho de todos os membros da comunidade da Igreja local em ajudar o casal a descobrir e a viver a sua nova vocação e missão. Para que a família se transforme mais numa verdadeira comunidade de amor, é necessário que todos os membros sejam ajudados e formados para as responsabilidades próprias diante dos novos problemas que se apresentam, para o serviço recíproco, para a comparticipação ativa na vida da família.

Isto vale, sobretudo, para as famílias jovens, as quais, encontrando-se num contexto de novos valores e de novas responsabilidades, estão mais expostas, especialmente nos primeiros anos de matrimônio, a eventuais dificuldades, como as criadas pela adaptação à vida em comum ou pelo nascimento dos filhos. Os jovens cônjuges saibam acolher cordialmente e com critério valorizar a ajuda discreta, delicada e generosa de outros casais, que já há tempo fazem a mesma experiência do matrimônio e da família. Assim, no seio da comunidade eclesial — a grande família formada pelas famílias cristãs — realizar-se-á um intercâmbio mútuo de presença e ajuda entre todas as famílias, cada uma pondo a serviço das outras a própria experiência humana, como também os dons da fé e da graça. Animada de verdadeiro espírito apostólico, esta ajuda de família a família constituirá um dos modos mais simples, mais eficazes e ao alcance de todos para propagar capilarmente os valores cristãos, que são o ponto de partida e de chegada do trabalho pastoral. Desse modo, as famílias jovens não se limitarão só a receber, mas por sua vez, assim ajudadas, tornar-se-ão fonte de enriquecimento para outras famílias, há tempo constituídas, com o seu testemunho de vida e o seu contributo de fato.

Na ação pastoral para com as famílias jovens, a Igreja deverá prestar atenção específica para as educar a viver responsavelmente o amor conjugal em relação com as exigências de comunhão e de serviço à vida, como também a conciliar a intimidade da vida de casa com a obra comum e generosa de edificar a Igreja e a sociedade humana. Quando, com a vinda dos filhos, o casal se torna em sentido pleno e específico uma família, a Igreja estará ainda próxima dos pais para que os acolham e os amem à luz do dom recebido do Senhor da vida, assumindo com alegria a fadiga de os servir no seu crescimento humano e cristão.

II — ESTRUTURAS
DA PASTORAL FAMILIAR

A ação pastoral é sempre expressão dinâmica da realidade da Igreja, empenhada na missão de salvação. Também a pastoral familiar — forma particular e específica da pastoral — tem como seu princípio operativo e como protagonista responsável a mesma Igreja, através das suas estruturas e dos seus responsáveis.

A comunidade eclesial e a paróquia em particular

70. Sendo ao mesmo tempo comunidade salva e salvadora, a Igreja deve considerar-se aqui na sua dupla dimensão universal e particular: esta manifesta-se e realiza-se na comunidade diocesana, pastoralmente dividida em comunidades menores entre as quais se distingue, pela sua importância peculiar, a paróquia.

A comunhão com a Igreja universal não diminui, mas garante e promove a consistência e originalidade das diversas Igrejas particulares; estas últimas são o sujeito operativo mais imediato e mais eficaz para a atuação da pastoral familiar. Em tal sentido, cada Igreja local e, em termos mais particularizados, cada comunidade paroquial, deve ter consciência mais viva da graça e da responsabilidade que recebe do Senhor para promover a pastoral da família. Nenhum plano de pastoral orgânica, a qualquer nível que seja, pode prescindir da pastoral da família.

À luz de tal responsabilidade, deve compreender-se também a importância de uma adequada preparação da parte dos que estarão mais especificamente empenhados nesse gênero de apostolado. Os sacerdotes, os religiosos e as religiosas, desde o tempo de formação, sejam orientados e formados de maneira progressiva e adequada para os respectivos deveres.

Entre outras iniciativas alegro-me de poder sublinhar a recente criação em Roma, na Pontifícia Universidade Lateranense, de um Instituto Superior consagrado ao estudo dos problemas da família. Já em algumas dioceses foram fundados Institutos desse gênero. Os bispos empenhem-se para que o maior número possível de sacerdotes, antes de assumirem responsabilidades paroquiais, freqüentem cursos especializados. Em outros lugares, realizam-se periodicamente cursos de formação em Institutos Superiores de estudos Teológicos e Pastorais. Tais iniciativas destinam-se a encorajar, sustentar, multiplicar e abrir-se certamente também aos leigos que desempenharão o seu trabalho profissional (médico, legal, psicológico, social e educativo) de ajuda à família.

A família

71.   Mas deve, sobretudo, reconhecer-se o lugar especial que, neste campo, compete à missão dos cônjuges e das famílias cristãs, em virtude da graça recebida no sacramento. Tal missão deve ser posta a serviço da edificação da Igreja, da construção do Reino de Deus na histó-

ria. Isto é pedido como ato de obediência dócil a Cristo Senhor. Com efeito, ele, pela força do matrimônio dos batizados elevado a sacramento, confere aos esposos cristãos uma missão peculiar de apóstolos, enviando-os como operários para a sua vinha, e, de forma muito particular, para este campo da família.

Na sua atividade, eles agem em comunhão e colaboração com os outros membros da Igreja, que também trabalham para a família, pondo a render os seus dons e ministérios. Tal apostolado desenvolver-se-á antes de tudo no seio da própria família, com o testemunho da vida vivida em conformidade com a lei divina em todos os aspectos, com a formação cristã dos filhos, a ajuda dada ao seu amadurecimento na fé, a educação à castidade, a preparação para a vida, a vigilância para os preservar dos perigos ideológicos e morais de que são muitas vezes ameaçados, e ainda com a sua gradual e responsável inserção na comunidade eclesial e civil, a assistência e o conselho na escolha da vocação, a mútua ajuda entre os membros da família para um comum crescimento humano e cristão, e assim por diante. O apostolado da família irradiar-se-á com obras de caridade espiritual e material para com as outras famílias, especialmente aquelas mais necessitadas de ajuda e de amparo, para com os pobres, os doentes, os mais velhos, os deficientes, os órfãos, as viúvas, os cônjuges abandonados, as mães solteiras e aquelas que em situações difíceis são tentadas a desfazerem-se do fruto do seu seio etc.

As associações de famílias a serviço das famílias

72. Sempre no âmbito da Igreja, responsável pela pastoral familiar, são para lembrar as diversas associações de fiéis, nas quais se manifesta e se vive de algum modo o mistério da Igreja de Cristo. Devem, portanto, reconhecer-se e valorizar-se — cada uma em relação às características, finalidades, influxo e métodos próprios — as diversas comunidades eclesiais, os vários grupos e os numerosos movimentos que se empenham de diferentes maneiras, a diversos títulos e a diversos níveis, na pastoral familiar.

Por este motivo, o Sínodo reconheceu expressamente a utilidade de tais associações de espiritualidade, de formação e de apostolado. Será seu dever suscitar nos fiéis um vivo sentido de solidariedade, favorecer uma conduta de vida inspirada no Evangelho e na fé da Igreja, formar as consciências segundo os valores cristãos e não de acordo com os parâmetros da opinião pública, estimular para as obras de caridade mútua e para com os outros, com um espírito de abertura que faça das famílias cristãs uma verdadeira fonte de luz e um fermento sadio para as demais.

Igualmente é desejável que, com um sentido vivo do bem comum, as famílias cristãs se empenhem ativamente em todos os níveis, mesmo com outras associações não-eclesiais. Algumas dessas associações visam à preservação, transmissão e tutela dos valores éticos e culturais de cada povo, ao desenvolvimento da pessoa humana, à proteção médica, jurídica e social da maternidade e da infância, à justa promoção da mulher e à luta contra o que se contrapõe a sua dignidade, ao incremento da solidariedade mútua, ao conhecimento dos problemas referentes à regulação responsável da fecundidade segundo os métodos naturais conformes à dignidade humana e à doutrina da Igreja. Outras têm em vista a construção de um mundo mais justo e mais humano, a promoção de leis justas que favoreçam a reta ordem social no respeito pleno da dignidade e da legítima liberdade do indivíduo e da família, em âmbito nacional ou internacional, a colaboração com a escola e com as outras instituições que completam a educação dos filhos, e assim sucessivamente.

III — OS RESPONSÁVEIS
PELA PASTORAL FAMILIAR

Para além da família — objeto, mas sobretudo ela mesma sujeito da pastoral familiar — devem recordar-se também os outros principais responsáveis nesse setor particular.

Bispos e presbíteros

73.   O primeiro responsável pela pastoral familiar na diocese é o bispo. Como pai e pastor, ele deve estar atento, de modo particular, a este setor da pastoral, sem dúvida prioritário. Deve consagrar-lhe uma grande dedicação, solicitude, tempo pessoal, recursos; sobretudo, porém, apoio pessoal às famílias e a quantos, nas diversas estruturas diocesanas, o ajudam na pastoral da família. Empenhar-se-á, particularmente, em fazer com que a sua diocese se torne sempre mais uma verdadeira "família diocesana" — modelo e fonte de esperança para tantas famílias que a integram. A criação do Conselho Pontifício para a Família está neste contexto: sinal da importância que atribuo à pastoral da família no mundo, e, ao mesmo tempo, instrumento eficaz de ajuda à sua promoção em todos os níveis.

Os bispos são auxiliados de modo particular pelos presbíteros, cuja missão — como expressamente sublinhou o Sínodo — integra essencialmente o ministério da Igreja para com o matrimônio e a família. O mesmo se diga dos diáconos, aos quais eventualmente venha a ser confiado este setor da pastoral.

A sua responsabilidade estende-se não só aos problemas morais e litúrgicos, mas também aos pessoais e sociais. Devem sustentar a família nas suas dificuldades e sofrimentos, pondo-se ao lado dos seus membros, ajudando-os a ver a vida à luz do Evangelho. Não é supérfluo notar que, se tal missão for exercida com o devido discernimento e com um verdadeiro espírito apostólico, o ministro da Igreja recebe novos estímulos e energias espirituais mesmo para a própria vocação e para o exercício do seu ministério.

Oportuna e seriamente preparados para tal apostolado, o sacerdote ou o diácono devem portar-se constantemente, em relação às famílias, como pai, irmão, pastor e mestre, ajudando-as com os dons da graça e iluminando-as com a luz da verdade. O seu ensinamento e os seus conselhos, portanto, deverão estar sempre em plena consonância com o Magistério autêntico da Igreja, de modo a ajudar o Povo de Deus a formar um reto sentido da fé a ser aplicada à vida concreta. Tal fidelidade ao Magistério permitirá também aos sacerdotes procurar com empenho a unidade em suas decisões para evitar ansiedades na consciência dos fiéis.

Pastores e leigos participam, na Igreja, da missão profética de Cristo: os leigos, testemunhando a fé com palavras e com a vida cristã; os pastores, discernindo em tal testemunho o que é expressão da fé genuína e o que não corresponde originalmente à luz da mesma fé; a família, enquanto comunidade cristã, com a sua participação peculiar e testemunho de fé. Pode estabelecer-se assim um diálogo entre os pastores e as famílias. Os teólogos e os peritos em problemas familiares podem ajudar muito em tal diálogo, explicando com exatidão o conteúdo do Magistério da Igreja e o da experiência da vida em família. Desta maneira, o ensinamento do Magistério será melhor compreendido e será aplanado o caminho para o seu progressivo desenvolvimento. Convém, contudo, recordar que a norma próxima e obrigatória na doutrina da fé — mesmo sobre os problemas da família — compete ao Magistério hierárquico. A clareza de relações entre teólogos, peritos em problemas familiares e o Magistério ajudam muito uma reta inteligência da fé e a promoção — dentro dos seus próprios limites — do legítimo pluralismo.

Religiosos e religiosas

74.   O contributo que os religiosos e as religiosas, e as pessoas consagradas em geral, podem dar ao apostolado da família encontra a primeira, fundamental e original expressão exatamente na consagração a Deus, que os torna "diante de todos os fiéis, um chamado daquele admirável conúbio realizado por Deus e que se manifestará plenamente no século futuro, pelo que a Igreja tem Cristo como único esposo",[169] e testemunhas daquela caridade universal que, por meio da castidade abraçada pelo Reino dos céus, os torna sempre mais disponíveis para se dedicarem generosamente ao serviço divino e às obras do apostolado.

---

[169] Conc. Ecum. Vat. II, Decr. sobre a renovação da vida religiosa *Perfectae caritatis*, 12.

Daqui a possibilidade de que os religiosos e as religiosas, membros de Institutos seculares e de outros Institutos de perfeição, individualmente ou associados, desenvolvam um serviço seu às famílias, com solicitude particular para com as crianças, especialmente se abandonadas, indesejadas, órfãs, pobres ou deficientes; visitando as famílias e dispensando atenção especial aos doentes; cultivando relações de respeito e de caridade com as famílias incompletas, em dificuldades ou desagregadas; oferecendo o próprio trabalho de ensino e de consulta para a preparação dos jovens ao matrimônio e para a ajuda aos casais em relação a uma procriação verdadeiramente responsável; abrindo as próprias casas à hospitalidade simples e cordial, a fim de que as famílias possam encontrar lá o sentido de Deus, o gosto da oração e do recolhimento, o exemplo concreto de uma vida vivida em caridade e alegria fraterna como membros de uma família maior que é a de Deus.

Desejo acrescentar uma exortação mais solícita aos responsáveis dos Institutos de vida consagrada, para que queiram considerar — sempre no respeito substancial pelo seu carisma original e próprio — o apostolado a serviço das famílias como um dos deveres prioritários, tornado mais urgente pelo atual estado das coisas.

Leigos especializados

75. Podem prestar grande ajuda às famílias os leigos especializados (médicos, juristas, psicólogos, assistentes sociais, consulentes etc.), quer individualmente quer empenhados em diversas associações e iniciativas, com tra-

balho de esclarecimento, de conselho, de orientação, de apoio. A eles bem podem aplicar-se as exortações que tive ocasião de dirigir à Conferência dos consulentes familiares de inspiração cristã: "A vossa tarefa bem merece o qualificativo de missão, tão nobres são as finalidades a que visa e tão determinantes, para o bem da sociedade e da mesma comunidade cristã, os resultados que dela derivam... Tudo o que conseguirdes fazer em favor da família é destinado a ter uma eficácia que, ultrapassando o âmbito próprio, chegará também a outras pessoas e influirá sobre a sociedade. O futuro do mundo e da Igreja passa através da família".[170]

Usuários e operadores da comunicação social

76. Deve reservar-se uma palavra para esta categoria tão importante na vida moderna. É mais que sabido que os instrumentos de comunicação social "influem, e muitas vezes profundamente, quer sob o aspecto afetivo e intelectual, quer sob o aspecto moral e religioso, no ânimo de quantos os usam", especialmente se forem jovens.[171] Podem ter um influxo benéfico sobre a vida e os costumes da família e sobre a educação dos filhos, mas escondem também "insídias e perigos consideráveis",[172] e poderão tornar-

---

[170] Nn. 3-4 (29 de novembro de 1980); *Insegnamenti di Giovanni Paolo II*, III, 2 (1980), 1453s.

[171] Paulo VI, Mensagem para a IIIª Jornada das Comunicações Sociais (7 de abril de 1969): *AAS* 61 (1969), 455.

[172] João Paulo II, Mensagem para a Jornada Mundial das Comunicações Sociais (1º de maio de 1980): *Insegnamenti di Giovanni Paolo II*, III, 1 (1980), 1042.

se veículo — às vezes hábil e sistematicamente manobrado, como infelizmente acontece em vários países do mundo — de ideologias desagregadoras e de visões deformadas da vida, da família, da religião, da moralidade, não respeitosas da verdadeira dignidade e do destino do homem.

Perigo tanto mais real, enquanto "o modo atual de viver — principalmente nas nações mais industrializadas — leva muitas vezes as famílias a desobrigarem-se de suas responsabilidades educativas, encontrando na facilidade de evasão (representada, em casa, especialmente pela televisão e por certas publicações) o meio de terem ocupado o tempo e as atividades das crianças e dos jovens".[173] Daqui "o dever... de proteger especialmente as crianças e os jovens das 'agressões' que sofrem por parte dos meios de comunicação, procurando usá-los em família de modo cuidadosamente regrado. Assim deveria também preocupar a família o fato de encontrar para os seus filhos outros divertimentos mais sadios, mais úteis e formativos física, moral e espiritualmente, para potenciar e valorizar o tempo livre dos jovens e encaminhar-lhes as energias".[174]

Já que os instrumentos de comunicação social — ao mesmo tempo que a escola e o ambiente — influem muitas vezes notavelmente na formação dos filhos, os pais, enquanto usuários, devem constituir-se parte ativa no seu uso moderado, crítico, vigilante e prudente, individuando qual a repercussão tida nos filhos, e exercendo

---

[173] João Paulo II, Mensagem para a Jornada Mundial das Comunicações Sociais (1º de maio de 1981), 5: "L'Osservatore Romano", 22 de maio de 1981.
[174] Ibid.

mediação orientadora "de educar a consciência dos filhos a exprimir juízos serenos e objetivos, que depois os guiem na escolha e na rejeição dos programas propostos".[175]

Com idêntico interesse, os pais procurarão influir na escolha e na preparação dos programas, mantendo-se — com iniciativas oportunas — em contato com os responsáveis dos vários momentos da produção e da transmissão, para se assegurarem que não serão abusivamente postos de lado ou expressamente conculcados aqueles valores humanos fundamentais que fazem parte do verdadeiro bem comum da sociedade, mas, pelo contrário, sejam difundidos programas aptos a apresentar, na sua verdadeira ótica, os problemas da família e a sua adequada solução. A tal propósito, o meu Predecessor de veneranda memória, Paulo VI, escrevia: "Os produtores devem conhecer e respeitar as exigências da família, o que supõe, por vezes, uma grande coragem e sempre um alto sentido de responsabilidade. Com efeito, devem evitar tudo o que possa lesar a família na sua existência, na sua estabilidade, no seu equilíbrio, na sua felicidade. A ofensa aos valores fundamentais da família — trate-se de erotismo ou de violência, de apologia do divórcio ou de atitudes anti-sociais dos jovens — é uma ofensa ao bem verdadeiro do homem".[176]

E eu mesmo, em ocasião análoga, fazia notar que as famílias "devem contar não pouco com a boa vontade,

---

[175] Paulo VI, Mensagem para a IIIª Jornada das Comunicações Sociais: *AAS* 61 (1969), 456.

[176] Ibid.

retidão e sentido de responsabilidade dos profissionais dos meios de comunicação: editores, escritores, produtores, diretores, dramaturgos, informantes, comentadores e atores".[177] Por isso, é indispensável que também a Igreja continue dedicando toda a atenção a essas categorias de responsáveis, encorajando e sustentando, ao mesmo tempo, os católicos que se sentem chamados e que têm qualidades para se dedicar a este setor tão delicado.

---

[177] Mensagem para a Jornada Mundial das Comunicações Sociais (1º de maio de 1980). *Insegnamenti di Giovanni Paolo II*, III, 1 (1980), 1044.

IV — A PASTORAL FAMILIAR NOS CASOS DIFÍCEIS

Circunstâncias particulares

77.   Um empenho pastoral ainda mais generoso, inteligente e prudente, na linha do exemplo do Bom Pastor, é pedido para aquelas famílias que — muitas vezes independentemente da própria vontade ou pressionadas por outras exigências de natureza diversa — se encontram em situações objetivamente difíceis. A este propósito é necessário voltar especialmente a atenção para algumas categorias particulares, mais necessitadas não só de assistência, mas de uma ação mais incisiva sobre a opinião pública e sobretudo sobre as estruturas culturais, econômicas e jurídicas, a fim de se poderem eliminar ao máximo as causas profundas do seu mal-estar.

Tais são, por exemplo, as famílias dos emigrantes por motivos de trabalho; as famílias dos que são obrigados a ausências longas, por exemplo, os militares, os marinheiros, os itinerantes de todo tipo; as famílias dos presos, dos prófugos e dos exilados; as famílias que vivem praticamente marginalizadas nas grandes cidades; aquelas que não têm casa, as incompletas ou "monoparentais"; as famílias com filhos deficientes ou drogados; as famílias dos alcoólatras; as desenraizadas do seu ambiente social e cultural ou em risco de perdê-lo; as discriminadas por motivos políticos ou por outras razões; as famílias ideologicamente divididas; as que dificilmente conseguem ter um contato com a paróquia; as que sofrem violência ou tratamentos injustos por causa da própria fé; as que se compõem de cônjuges menores; os idosos, não raramente forçados a viver na solidão e sem meios adequados de subsistência.

As famílias dos emigrantes, tratando-se especialmente de operários e de agricultores, devem encontrar em toda parte, na Igreja, a sua pátria. É este um dever conatural à Igreja, sendo como é sinal de unidade na diversidade. Na medida do possível sejam assistidos pelos sacerdotes do seu próprio rito, cultura e idioma. Diz respeito também à Igreja apelar à consciência pública e a quantos exercem a autoridade sobre a vida social, econômica e política, para que os operários encontrem trabalho na sua região e pátria, sejam retribuídos com um salário justo; as famílias voltem a se unir o mais depressa possível, sejam consideradas na sua identidade cultural, tratadas como as outras; a seus filhos sejam dadas oportunidades de formação profissional e de exercício da profissão, como também da posse da terra necessária para trabalhar e viver.

Um problema difícil é o das famílias *ideologicamente divididas.* Nesses casos, há necessidade de um particular cuidado pastoral. Antes de tudo, é preciso, com discrição, manter um contato pessoal com tais famílias. Os crentes devem ser fortificados na fé e sustentados na vida cristã. Embora a parte fiel ao catolicismo não possa ceder, é preciso manter sempre vivo o diálogo com a outra parte. Devem ser multiplicadas as manifestações de amor e de respeito, na esperança firme de manter intocável a unidade. Depende muito também das relações entre pais e filhos. As ideologias estranhas à fé poderão estimular os membros crentes da família a crescer na fé e no testemunho de amor.

Outros momentos difíceis, em que a família tem necessidade de ajuda da comunidade eclesial e dos seus pastores, podem ser: a irrequieta adolescência contestadora e, às vezes, tumultuosa dos filhos; o seu matrimônio, que os separa da família de origem; a incompreensão ou a falta de amor por parte das pessoas mais queridas; o abandono do cônjuge ou a sua perda, que leva à experiência dolorosa da viuvez; a morte de um familiar, que mutila e transforma em profundidade o núcleo originário da família.

Igualmente não pode ser transcurado pela Igreja o momento da velhice, com todos os seus conteúdos positivos e negativos; de possível aprofundamento do amor conjugal sempre mais purificado e enobrecido pela longa e sempre contínua fidelidade; de disponibilidade a pôr a serviço dos outros, de forma nova, a bondade e a sabedoria acumuladas e as energias que permanecem; de dura solidão, mais freqüentemente psicológica e afetiva que física, por um abandono eventual ou por uma atenção insuficiente dos filhos e dos parentes; de sofrimento pela doença, pelo progressivo declínio das forças, pela humilhação de ter que depender de outros, pela amargura de se sentir talvez um peso para seus próprios familiares, pelo aproximar-se o fim da vida. São estas as ocasiões em que — como entenderam os Padres Sinodais — mais facilmente se compreendem e vivem aqueles elevados aspectos da espiritualidade matrimonial e familiar, que se inspiram no valor da Cruz e ressurreição de Cristo, fonte de santificação e de profunda alegria na vida cotidiana, à luz das grandes realidades escatológicas da vida eterna.

Em todas essas diferentes situações nunca se descuide da oração, fonte de luz, de força e alimento da esperança cristã.

Matrimônios mistos

78. O número crescente dos matrimônios entre católicos e outros batizados exige uma peculiar atenção pastoral à luz das orientações e das normas, contidas nos mais recentes documentos da Santa Sé e das Conferências episcopais, para uma aplicação concreta às diversas situações.

Os casais que vivem em matrimônio misto apresentam exigências peculiares, que se podem reduzir a três aspectos fundamentais.

Antes de tudo, considerem-se as obrigações da parte católica derivantes da fé, no que concernem ao seu livre exercício e à conseqüente obrigação de providenciar, segundo as próprias forças, ao batismo e à educação dos filhos na fé católica. [178]

É necessário ter presente as particulares dificuldades inerentes às relações entre marido e mulher no que diz respeito à liberdade religiosa: esta pode ser violada

---

[178] Cf. Paulo VI, Moto Proprio *Matrimonia mixta*, 45: *AAS* 62 (1970), 257ss; João Paulo II, "Discorso ai partecipanti alla Plenaria del Segretariato per l'unione dei cristiani" (13 de novembro 1981); "L'Osservatore Romano" (14 novembro 1981).

seja por pressões indevidas para obter a mudança de convicções religiosas do ou da consorte, seja por impedimentos postos à sua livre manifestação na prática religiosa.

No que diz respeito à forma litúrgica e canônica do matrimônio, os Ordinários podem usar amplamente de suas faculdades para as várias necessidades.

No tratamento dessas exigências especiais é preciso ter em conta os pontos seguintes:

— na preparação própria para este tipo de matrimônio, deve ser feito um esforço razoável para proporcionar um bom conhecimento da doutrina católica sobre as qualidades e exigências do matrimônio, como também para se certificar de que no futuro não se verifiquem as pressões e os obstáculos, de que até agora se tem tratado;

— é de suma importância que, com o apoio da comunidade, a parte católica seja fortificada na fé e ajudada positivamente a amadurecer na sua compreensão e na sua prática, de modo a tornar-se testemunha autêntica no seio da família, mediante a vida e a qualidade de amor demonstrado ao cônjuge e aos filhos.

Os matrimônios entre católicos e outros batizados, na sua fisionomia particular, apresentam numerosos elementos que convêm valorizar e desenvolver, quer pelo seu valor intrínseco, quer pela ajuda que podem dar ao movimento ecumênico. Isto é verdade de modo particular quando os dois cônjuges são fiéis aos seus deveres religiosos. O batismo comum e o dinamismo da graça fornecem aos esposos, nesses matrimônios, a base e a motivação para exprimir a sua unidade na esfera dos valores morais e espirituais.

Para tal fim, e mesmo para pôr em evidência a importância ecumênica de tal matrimônio misto, vivido plenamente na fé pelos dois cônjuges cristãos, procure-se — mesmo que nem sempre seja fácil — uma colaboração cordial entre o ministro católico e o não-católico, desde o momento da preparação para o matrimônio e para as núpcias.

Quanto à participação do cônjuge não-católico na comunhão eucarística, sigam-se as normas emanadas pelo Secretariado para a união dos cristãos. [179]

Em várias partes do mundo nota-se, hoje, um crescente número de matrimônios entre católicos e não-batizados. Em muitos casos, o cônjuge não-batizado professa uma outra religião e as suas convicções devem ser tratadas com respeito, segundo os princípios da Declaração *Nostra aetate* do Concílio Ecumênico Vaticano II sobre as relações com as religiões não-cristãs; mas em muitos outros, particularmente nas sociedades secularizadas, a pessoa não-batizada não professa religião alguma. Para estes matrimônios é necessário que as Conferências episcopais e cada bispo tomem medidas pastorais adequadas, a fim de garantir a defesa da fé do cônjuge católico e o seu livre exercício, principalmente no que se refere ao dever de fazer o que estiver ao seu alcance para que os filhos sejam batizados e educados no catolicismo. O côn-

---

[179] Instr. *In quibus rerum circunstantiis* (15 de junho de 1972): *AAS* 64 (1972), 518-525. Nota de 17 de outubro de 1973; *AAS* 65 (1973), 616-619.

juge católico deve ser, além disso, apoiado em todos os modos no empenho de oferecer à própria família um genuíno testemunho de fé e de vida católica.

Ação pastoral perante algumas situações irregulares

79.   Em sua solicitude pela tutela da família em todas as suas dimensões, não somente na dimensão religiosa, o Sínodo dos Bispos não deixou de prestar atenta consideração a algumas situações irregulares, religiosa e muitas vezes também civilmente, que — nas rápidas mudanças culturais atuais — se vão infelizmente difundindo mesmo entre os católicos, com não pequeno dano do instituto familiar e da sociedade, de que constitui a célula fundamental.

a) *O matrimônio à experiência*

80.   Uma primeira situação irregular é dada pelo que se chama "matrimônio à experiência", que hoje muitos querem justificar, atribuindo-lhe um certo valor. A razão humana insinua já a sua não-aceitação, mostrando quanto seja pouco convincente que se faça uma "experiência" em relação a pessoas humanas, cuja dignidade exige que sejam elas, só e sempre, o termo do amor de doação sem limite algum nem de tempo nem de qualquer outra circunstância.

Por sua parte, a Igreja não pode admitir tal tipo de união por ulteriores motivos, originais, derivantes da fé. Por um lado, com efeito, o dom do Corpo na relação sexual é símbolo real da doação de toda a pessoa: uma doação tal que, além do mais, na atual economia da salvação não pode realizar-se com verdade plena sem o concurso do amor de caridade, dado por Cristo. Por outro lado, o matrimônio entre duas pessoas batizadas é o símbolo real da união de Cristo com a Igreja, uma união não temporária ou "à experiência", mas eternamente fiel; entre dois batizados, portanto, não pode existir senão um matrimônio indissolúvel.

Ordinariamente, tal situação não pode ser superada se a pessoa humana, desde a infância, com a ajuda da graça de Cristo e sem temores, não for educada para o domínio da concupiscência nascente e para estabelecer com os outros relações de amor genuíno. Isso não se consegue sem uma verdadeira educação para o amor autêntico e para o reto uso da sexualidade, de modo a introduzir a pessoa humana em todas as suas dimensões, mesmo no referente ao próprio corpo, na plenitude do mistério de Cristo.

Seria muito útil indagar sobre as causas deste fenômeno, também no seu aspecto psicológico e sociológico, para chegar a uma terapia adequada.

b) *Uniões livres de fato*

81. Trata-se de uniões sem nenhum vínculo institucional, civil ou religioso, publicamente reconhecido. Este fenômeno — cada vez mais freqüente — não deixará de chamar a atenção dos pastores, exatamente porque, exis-

tindo na sua base elementos muito diversos, será possível atuar sobre eles e limitar-lhes as conseqüências.

Alguns, com efeito, consideram-se quase constrangidos a tais uniões por situações difíceis de caráter econômico, cultural e religioso, já que contraindo um matrimônio regular, seriam expostos a um dano, à perda de vantagens econômicas, à discriminação etc. Outros, pelo contrário, fazem-no numa atitude de desprezo, de contestação ou de rejeição da sociedade, do instituto familiar, do ordenamento sociopolítico, ou numa busca única de prazer. Outros, enfim, são obrigados pela extrema ignorância e pobreza, às vezes por condicionamentos verificados por situações de verdadeira injustiça, ou também de certa imaturidade psicológica, que os torna incertos e duvidosos em contrair um vínculo estável e definitivo. Em alguns países, os costumes tradicionais prevêem o matrimônio verdadeiro e próprio só depois de um período de coabitação e depois do nascimento do primeiro filho.

Cada um desses elementos põe à Igreja árduos problemas pastorais, pelas graves conseqüências quer religiosas e morais (perda do sentido religioso do matrimônio à luz da Aliança de Deus com o seu Povo; privação da graça do sacramento; escândalo grave), quer também sociais (destruição do conceito de família; enfraquecimento do sentido de fidelidade mesmo para com a sociedade; possíveis traumas psicológicos nos filhos; afirmação do egoísmo).

Os pastores e a comunidade eclesial serão diligentes em conhecer tais situações e as suas causas concretas, caso por caso; em aproximar-se dos conviventes com descrição e respeito; em esforçar-se com uma ação de esclarecimento paciente, de caridosa correção, de testemunho familiar cristão, que lhes possa aplanar o caminho para regularizar a situação. Faça-se, sobretudo, obra de prevenção, cultivando o sentido da fidelidade na educação moral e religiosa dos jovens, instruindo-os acerca das condições e das estruturas que favorecem tal fidelidade, sem a qual não há verdadeira liberdade, ajudando-os a amadurecer espiritualmente e fazendo-lhes compreender a riqueza da realidade humana e sobrenatural do matrimônio-sacramento.

O Povo de Deus atue também junto das autoridades públicas, para que, resistindo a essas tendências desagregadoras da própria sociedade e prejudiciais à dignidade, segurança e bem-estar dos cidadãos, a opinião pública não seja induzida a menosprezar a importância institucional do matrimônio e da família. E já que em muitas regiões, pela pobreza extrema derivante de estruturas socioeconômicas injustas ou inadequadas, os jovens não estão em condições de se casarem como lhes convêm, a sociedade e as autoridades públicas favoreçam o matrimônio legítimo mediante uma série de intervenções sociais e políticas, garantindo o salário familiar, emanando disposições para uma habitação adaptada à vida familiar, criando possibilidades adequadas de trabalho e de vida.

c) *Católicos unidos só em matrimônio civil*

82.   Difunde-se sempre mais o caso de católicos que, por motivos ideológicos e práticos, preferem contrair só

matrimônio civil, rejeitando ou pelo menos adiando o religioso. A sua situação não se pode equiparar certamente à dos conviventes sem nenhum vínculo, pois que ali se encontra ao menos um empenho relativo a um preciso e provavelmente estável estado de vida, mesmo se muitas vezes não está afastada deste passo a perspectiva de um eventual divórcio. Procurando o reconhecimento público do vínculo da parte do Estado, tais casais mostram que estão dispostos a assumir, com as vantagens, também as obrigações. Contudo, tal situação não é aceitável por parte da Igreja.

A ação pastoral procurará fazer compreender a necessidade da coerência entre a escolha de um estado de vida e a fé que se professa, e tentará todo o possível para levar tais pessoas a regularizar a sua situação à luz dos princípios cristãos. Tratando-as embora com muita caridade, e interessando-as na vida das respectivas comunidades, os pastores da Igreja não poderão infelizmente admiti-las aos sacramentos.

d) *Separados e divorciados sem segunda união*

83. Motivos diversos, como incompreensões recíprocas, incapacidades de abertura a relações interpessoais etc., podem conduzir dolorosamente o matrimônio válido a uma fratura muitas vezes irreparável. Obviamente que a separação deve ser considerada remédio extremo, depois que se tenham demonstrado vãs todas as tentativas razoáveis.

A solidão e outras dificuldades são muitas vezes herança para o cônjuge separado, especialmente se inocente. Em tal caso, a comunidade eclesial deve ajudá-lo mais do que nunca; demonstrar-lhe estima, solidariedade, compreensão e ajuda concreta, de modo que lhe seja possível conservar a fidelidade mesmo na situação difícil em que se encontra; ajudá-lo a cultivar a exigência do perdão própria do amor cristão e a disponibilidade para retomar eventualmente a vida conjugal anterior.

Análogo é o caso do cônjuge que foi vítima de divórcio, mas que — conhecendo bem a indissolubilidade do vínculo matrimonial válido — não se deixa arrastar para uma nova união, empenhando-se, ao contrário, unicamente no cumprimento dos deveres familiares e na responsabilidade da vida cristã. Em tal caso, o seu exemplo de fidelidade e de coerência cristã assume um valor particular de testemunho diante do mundo e da Igreja, tornando mais necessária ainda, da parte desta, uma ação contínua de amor e de ajuda, sem nenhum obstáculo à admissão aos sacramentos.

e) *Divorciados que contraem nova união*

84.   A experiência cotidiana mostra, infelizmente, que quem recorreu ao divórcio tem normalmente em vista a passagem a uma nova união, obviamente não com o rito religioso católico. Por se tratar de uma praga que vai, juntamente com as outras, afetando sempre mais largamente mesmo os ambientes católicos, o problema deve

ser enfrentado com urgência inadiável. Os Padres Sinodais estudaram-no expressamente. A Igreja, com efeito, instituída para conduzir à salvação todos os homens e sobretudo os batizados, não pode abandonar aqueles que — unidos pelo vínculo matrimonial sacramental — procuraram passar a novas núpcias. Por isso, esforçar-se-á infatigavelmente por oferecer-lhes os meios de salvação.

Saibam os pastores que, por amor à verdade, estão obrigados a discernir bem as situações. Há, na realidade, diferença entre aqueles que sinceramente se esforçam por salvar o primeiro matrimônio e foram injustamente abandonados e aqueles que, por sua grave culpa, destruíram um matrimônio canonicamente válido. Há ainda aqueles que contraíram uma segunda união em vista da educação dos filhos, e, às vezes, estão subjetivamente certos em consciência de que o precedente matrimônio, irreparavelmente destruído, nunca tinha sido válido.

Juntamente com o Sínodo, exorto vivamente os pastores e a inteira comunidade dos fiéis a ajudar os divorciados, procurando, com caridade solícita, que eles não se considerem separados da Igreja, podendo, e melhor, devendo, enquanto batizados, participar da sua vida. Sejam exortados a ouvir a Palavra de Deus, a freqüentar o Sacrifício da Missa, a perseverar na oração, a incrementar as obras de caridade e as iniciativas da comunidade em favor da justiça, a educar os filhos na fé cristã, a cultivar o espírito e as obras de penitência para assim implorarem, dia a dia, a graça de Deus. Reze por eles a Igreja, encoraje-os, mostre-se mãe misericordiosa e sustente-os na fé e na esperança.

A Igreja, contudo, reafirma a sua práxis, fundada na Sagrada Escritura, de não admitir à comunhão eucarística os divorciados que contraíram nova união. Não podem ser admitidos, do momento em que o seu estado e condições de vida contradizem objetivamente aquela união de amor entre Cristo e a Igreja, significada e realizada na Eucaristia. Há, além disso, um outro peculiar motivo pastoral: se se admitissem essas pessoas à Eucaristia, os fiéis seriam induzidos em erros e confusão acerca da doutrina da Igreja sobre a indissolubilidade do matrimônio.

A reconciliação pelo sacramento da penitência — que abriria o caminho ao sacramento eucarístico — pode ser concedida só àqueles que, arrependidos de ter violado o sinal da Aliança e da fidelidade a Cristo, estão sinceramente dispostos a uma forma de vida não mais em contradição com a indissolubilidade do matrimônio. Isto tem como conseqüência, concretamente, que, quando o homem e a mulher, por motivos sérios — quais, por exemplo, a educação dos filhos —, não se podem separar, "assumem a obrigação de viver em plena continência, isto é, de abster-se dos atos próprios dos cônjuges".[180]

Igualmente, o respeito devido quer ao sacramento do matrimônio, quer aos próprios cônjuges e aos seus familiares, quer ainda à comunidade dos fiéis, proíbe os pastores, por qualquer motivo ou pretexto mesmo pastoral, de fazer, em favor dos divorciados que contraem uma nova união, cerimônia de qualquer gênero. Isto daria a

---

[180] João Paulo II, Homilia para a conclusão do VI Sínodo dos Bispos (25 de outubro de 1980), 7: *AAS* 72 (1980), 1082.

impressão de celebração de novas núpcias sacramentais válidas, e, conseqüentemente, induziria em erro sobre a indissolubilidade do matrimônio contraído validamente.

Agindo de tal maneira, a Igreja professa a própria fidelidade a Cristo e à sua verdade; ao mesmo tempo comporta-se com espírito materno para com estes seus filhos, especialmente para com aqueles que, sem culpa, foram abandonados pelo legítimo cônjuge.

Com firme confiança ela vê que, mesmo aqueles que se afastaram do mandamento do Senhor e vivem agora nesse estado, poderão obter de Deus a graça da conversão e da salvação, se perseverarem na oração, na penitência e na caridade.

Os sem-família

85. Desejo ainda acrescentar uma palavra para uma categoria de pessoas que, pela situação concreta em que se encontram — e muitas vezes não por sua vontade deliberada —, eu considero particularmente junto do Coração de Cristo e dignas do afeto e da solicitude da Igreja e dos pastores.

Infelizmente, há no mundo muitíssimas pessoas que não podem referir-se de modo algum ao que poderia definir-se em sentido próprio uma família. Grandes setores da humanidade vivem em condições de enorme pobreza, em que a promiscuidade, a carência de habitações, a irregularidade e instabilidade das relações, a falta extrema de cultura não permitem praticamente poder falar de verdadeira família. Há outras pessoas que, por motivos diversos, ficaram sós no mundo. Também para todos esses há um "bom anúncio da família".

Em favor de quantos vivem na pobreza extrema, já falei da necessidade urgente de trabalhar com coragem para se encontrarem soluções mesmo no âmbito político, que consintam ajudar a superar estas condições desumanas de prostração. É um dever que incumbe, solidariamente, à sociedade inteira, mas de maneira especial às autoridades pela força do seu cargo e das responsabilidades conseqüentes, assim como às famílias, que devem demonstrar grande compreensão e vontade de ajudar.

Àqueles que não têm uma família natural, é preciso abrir ainda mais as portas da grande família que é a Igreja, concretizada na família diocesana e paroquial, nas comunidades eclesiais de base ou nos movimentos apostólicos. Ninguém está privado da família neste mundo: a Igreja é casa e família para todos, especialmente para os que estão "cansados e oprimidos".[181]

---

[181] Cf. Mt 11,28.

CONCLUSÃO

A vós, esposos; a vós, pais e mães de família; a vós, rapazes e donzelas, que sois o futuro e a esperança da Igreja e do mundo e construireis o núcleo que garantirá e dinamizará a família no terceiro milênio; a vós, veneráveis e caros Irmãos no episcopado e no sacerdócio, queridos filhos religiosos e religiosas, pessoas consagradas ao Senhor, que testemunhais aos esposos a realidade última do amor de Deus; a vós, homens todos de coração reto, que por razões diversas vos preocupais com a situação da família, dirige-se, com trepidante solicitude, a minha intenção ao final desta Exortação Apostólica.

O futuro da humanidade passa pela família!

É, pois, indispensável e urgente que cada homem de boa vontade se empenhe em salvar e promover os valores e as exigências da família. Sinto-me no dever de pedir aos filhos da Igreja um esforço especial neste campo. Conhecendo plenamente, pela fé, o maravilhoso plano de Deus, eles têm uma razão mais para se dedicar à realidade da família neste nosso tempo de prova e de graça.

Devem *amar particularmente a família.* É o que concreta e exigentemente vos confio.

Amar a família significa saber estimar os seus valores e possibilidades, promovendo-os sempre. Amar a família significa descobrir os perigos e os males que a ameaçam, para poder superá-los. Amar a família significa empenhar-se em criar um ambiente favorável ao seu desenvolvimento. E, por fim, forma eminente de amor à família cristã de hoje, muitas vezes tentada por incomodidades e angustiada por crescentes dificuldades, é dar-lhe novamente razões de confiança em si mesma, nas riquezas próprias que lhe advém da natureza e da graça e na missão que Deus lhe confiou. "É necessário que as famílias do nosso tempo tomem novamente altura! É necessário que sigam a Cristo."[182]

Compete ainda aos cristãos a tarefa de *anunciar com alegria e convicção a "Boa-Nova" acerca da família*, que tem necessidade absoluta de ouvir e de compreender sempre mais profundamente as palavras autênticas que lhe revelam sua identidade, seus recursos interiores, a importância da sua missão na Cidade dos homens e na de Deus.

A Igreja conhece o caminho pelo qual a família pode chegar ao coração da sua verdade profunda. Este caminho, que a Igreja aprendeu na escola de Cristo e da história interpretada à luz do Espírito, não o impõe, mas sente a exigência indeclinável de o propor a todos sem medo, com grande confiança e esperança, sabendo, porém, que a "Boa-Nova" conhece a linguagem da Cruz. É, no entanto, através da Cruz que a família pode atingir a plenitude do seu ser e a perfeição do seu amor.

Desejo, por fim, convidar todos os cristãos a *colaborar, carinhosa e corajosamente*, com todos os homens

---

[182] João Paulo II, Carta *Appropinquat iam* (15 de agosto de 1980) 1: *AAS* 72 (1980), 791.

de boa vontade, que vivem a responsabilidade própria no serviço à família. Os que dentro da Igreja, em seu nome e sob a sua inspiração, quer individualmente quer em grupos, movimentos ou associações, consagram-se ao bem da família, encontram muitas vezes a seu lado pessoas e instituições empenhadas no mesmo ideal. Na fidelidade aos valores do Evangelho e do homem e no respeito a um legítimo pluralismo de iniciativas, esta colaboração poderá favorecer uma promoção mais rápida e integral da família.

E agora, ao concluir esta mensagem pastoral, que visa a chamar a atenção de todos sobre as pesadas mas fascinantes tarefas da família cristã, desejo invocar a proteção da Família de Nazaré.

Por misterioso desígnio de Deus, nela viveu o Filho de Deus escondido por muitos anos; é, pois, protótipo e exemplo de todas as famílias cristãs. E aquela Família, única no mundo, que passou uma existência anônima e silenciosa numa pequena localidade da Palestina; que foi provada pela pobreza, pela perseguição, pelo exílio; que glorificou a Deus de modo incomparavelmente alto e puro, não deixará de ajudar as famílias cristãs, ou melhor, todas as famílias do mundo, na fidelidade aos deveres cotidianos, no suportar as ânsias e as tribulações da vida, na generosa abertura às necessidades dos outros, no feliz cumprimento do plano de Deus a seu respeito.

Que São José, "homem justo", trabalhador incansável, guarda integérrimo dos penhores que lhe foram confiados, as guarde, proteja e ilumine.

Que a Virgem Maria, Mãe da Igreja, seja também a Mãe da "Igreja doméstica" e, graças ao seu auxílio materno, cada família cristã possa tornar-se verdadeiramente uma "pequena Igreja", na qual se manifeste e reviva o mistério da Igreja de Cristo. Seja ela a Escrava do Senhor, o exemplo de acolhimento humilde e generoso da vontade de Deus; seja ela, Mãe das Dores ao pé da Cruz, a confortar e a enxugar as lágrimas dos que sofrem pelas dificuldades das suas famílias.

E Cristo Senhor, Rei do Universo, Rei das famílias, como em Caná, esteja presente em cada lar cristão a conceder-lhe luz, felicidade, serenidade, fortaleza.

No dia solene dedicado à sua Realeza, peço que cada família lhe ofereça um contributo próprio, original, para a vinda do seu Reino no mundo, "Reino de verdade e de vida, de santidade e de graça, de justiça, de amor e de paz",[183] para o qual se encaminha a história.

A ele, a Maria e a José confio cada família. Nas suas mãos e no seu coração ponho esta Exortação: sejam eles a transmiti-la a vós, veneráveis Irmãos e diletos filhos, e a abrir os vossos corações à luz que o Evangelho irradia sobre cada família.

A todos e a cada um, assegurando minha constante prece, concedo, de coração, a Bênção Apostólica, em nome do Pai, do Filho e do Espírito Santo.

Dado em Roma, junto de São Pedro, no dia 22 de novembro de 1981, Solenidade de N. S. Jesus Cristo, Rei do Universo, quarto ano de meu pontificado.

João Paulo II

---

[183] Prefácio da Missa da Festa de Cristo Rei.

ÍNDICE

INTRODUÇÃO 3

A Igreja a serviço da família 3
O Sínodo de 1980 na continuidade dos Sínodos precedentes .. 4
O valor precioso do matrimônio e da família 5

PRIMEIRA PARTE

LUZES E SOMBRAS DA FAMÍLIA DE HOJE

Necessidade de conhecer a situação 7
O discernimento evangélico 8
A situação da família no mundo de hoje 10
O influxo da situação na consciência dos fiéis 12
A nossa época tem necessidade de sabedoria 13
Gradualidade e conversão 15
"Inculturação" 15

SEGUNDA PARTE

O DESÍGNIO DE DEUS SOBRE O MATRIMÔNIO E A FAMÍLIA

O homem, imagem de Deus Amor 17
O matrimônio e a comunhão entre Deus e os homens 19
Jesus Cristo, esposo da Igreja,
   e o sacramento do matrimônio 20
Os filhos, dom preciosíssimo do matrimônio 23

A família, comunhão de pessoas 24

Matrimônio e virgindade 25

Terceira parte

OS DEVERES DA FAMÍLIA CRISTÃ

Família, torna-te aquilo que és! 29

I — A formação de uma comunidade de pessoas 31

O amor, princípio e força de comunhão 31

A unidade indivisível da comunhão conjugal 32

Uma comunhão indissolúvel 33

A comunhão mais ampla da família 36

Direitos e função da mulher 38

A mulher e a sociedade 40

Ofensas à dignidade da mulher 42

O homem, esposo e pai 43

Os direitos da criança 45

Os anciãos na família 47

II — O serviço à vida 49

1) *A transmissão da vida* 49

Cooperadores do amor de Deus Criador 49

A doutrina e a norma sempre antigas
  e sempre novas da Igreja 50

A Igreja está do lado da vida 51

Para que o plano divino se realize sempre mais plenamente 53

Na visão integral do homem e da sua vocação 54

A Igreja, Mestra e Mãe para os cônjuges em dificuldades 57

O itinerário moral dos esposos 60

Suscitar convicções e oferecer uma ajuda concreta 63

2) *A educação* 64

O direito-dever dos pais de educar 64

Educar para os valores essenciais da vida humana 66

A missão educativa e o sacramento do matrimônio 68

A primeira experiência de Igreja 69

Relações com outras forças educativas 71

Um múltiplo serviço à vida 73

III — A participação no desenvolvimento da sociedade 75

A família, célula primeira e vital da sociedade 75

A vida familiar como experiência
de comunhão e de participação 75

Função social e política 77

A sociedade a serviço da família 79

A carta dos direitos da família 80

Graça e responsabilidade da família cristã 82

Para uma nova ordem internacional 83

IV — A participação na vida e na missão da Igreja 84

A família no mistério da Igreja 84

Uma função eclesial própria e original 85

1) *A família cristã, comunidade crente e evangelizadora* 87

A fé, descoberta e admiração
do desígnio de Deus sobre a família 87

O ministério de evangelização da família cristã 89

Um serviço eclesial 91

Pregar o Evangelho a toda criatura 92

2) *A família cristã, comunidade em diálogo com Deus* 94

O santuário doméstico da Igreja 94

O matrimônio, sacramento
de santificação mútua e ato de culto 94

Matrimônio e Eucaristia 97

O sacramento da conversão e da reconciliação 98

A oração familiar 99

Educadores de oração 100

Oração litúrgica e privada 101

Oração e vida 103

3) *A família cristã, comunidade a serviço do homem* 104

O mandamento novo do amor 104

Descobrir em cada irmão a imagem de Deus 106

QUARTA PARTE

**A PASTORAL FAMILIAR: ETAPAS, ESTRUTURAS,
RESPONSÁVEIS E SITUAÇÕES**

I — As etapas da Pastoral Familiar 109

A Igreja acompanha a família cristã no seu caminho 109

A preparação 110

A celebração 114
Celebração do matrimônio e evangelização
    dos batizados não-crentes 116
Pastoral pós-matrimonial 119

II — Estruturas da Pastoral Familiar 121

A comunidade eclesial e a paróquia em particular 121
A família 122
As associações de famílias a serviço das famílias 124

III — Os responsáveis pela Pastoral Familiar 126

Bispos e presbíteros 126
Religiosos e religiosas 128
Leigos especializados 129
Usuários e operadores da comunicação social 130

IV — A Pastoral Familiar nos casos difíceis 134

Circunstâncias particulares 134
Matrimônios mistos 137
Ação pastoral perante algumas situações irregulares 140

  a) *O matrimônio à experiência* 140
  b) *Uniões livres de fato* 141
  c) *Católicos unidos só em matrimônio civil* 143
  d) *Separados e divorciados sem segunda união* 144
  e) *Divorciados que contraem nova união* 145

Os sem-família 148

Conclusão 151

Rua Dona Inácia Uchoa, 62
04110-020 – São Paulo – SP (Brasil)
Tel.: (11) 2125-3500
paulinas.com.br – editora@paulinas.com.br
Telemarketing e SAC: 0800-7010081